연애에도 답이 있다

연애에도 답이 있다

초판 1쇄 발행 2021년 10월 25일
개정판 1쇄 발행 2024년 12월 2일

지은이 박진진
펴낸이 이범상
펴낸곳 (주)비전비엔피 · 애플북스

기획편집 차재호 김승희 김혜경 한윤지 박성아 신은정
디자인 김혜림 이민선
마케팅 이성호 이병준 문세희
전자책 김성화 김희정 안상희 김낙기
관리 이다정

주소 우)04034 서울시 마포구 잔다리로7길 12 (서교동)
전화 02)338-2411 | **팩스** 02)338-2413
홈페이지 www.visionbp.co.kr
인스타그램 www.instagram.com/visioncorea
포스트 post.naver.com/visioncorea
이메일 visioncorea@naver.com
원고투고 editor@visionbp.co.kr

등록번호 제313-2007-000012호

ISBN 979-11-92641-48-5 (03180)

연애에도 답이

————————

————————. 있다

썸부터 재회까지,

거침없는 현실 연애 30

박진진 지음

애플북스

Dear

누군가가 필요한 당신에게

연애 상담을 하면서 제가 가장 많이 듣는 얘기가 있다면 그건 아마 "작가님이라면 이럴 때 어떻게 하시겠어요?"라는 질문일 것입니다. 아무래도 그분들이 보기에 저는 연애 칼럼도 쓰고 연애 관련 도서도 여러 권 집필했으니 누구보다 현명한 선택과 옳은 결정을 내리지 않을까 하는 마음에서일 것입니다.

저는 그럴 때마다 이렇게 대답을 합니다.

"저라고 크게 다르지 않습니다."

물론 상담을 하는 그 당시의 저는 어떤 선택이 더 나은 것인지, 또 어떻게 하는 것이 가장 좋은 방법인지를 잘 알고 있습니다. 하지만 그게 정말 나의 연애, 나의 마음이 된다면 저 역시 보통 사람과 마찬가지로 연애로 넘어지고 구르며 그렇게 정답과는 전혀 상관이 없는 방향으로 흘러가 버리곤 합니다.

누구나 자신의 연애는 잘 알지 못합니다. 만약 나의 연애 고민을 친구가 똑같이 내게 묻는다면 정답을 제시할 수도 있겠지만 막상 내 마음과 진심이 들어간 나의 연애는 그렇지 않습니다.

제가 일로서 연애와 연을 맺은 지도 벌써 10년이 훌쩍 넘었습니다. 처음에는 잡지와 신문에 연애 칼럼을 쓰는 연애 칼럼니스트로, 이후에는 연애 관련 책을 쓰는 작가로 살아가다 현재는 연애 상담사라는 이력을 하나 더 추가하였습니다.

사실 칼럼을 쓸 때나 책을 쓸 때 저는 연애에 대해 알 만큼은 아는 사람이라 생각했었습니다. 하지만 당시 제게 도착하는 사연들은 담당 기자나 에디터의 1차 가공을 거쳐 정돈된 이야기였고, 심지어 직접 듣는 것만큼 자세할 수도 없었습니다. 아마도 그 당시 느꼈던 목마름이 지금의 저를 연애 상담사의 길로 이끈 것이 아닐까 생각합니다.

수없이 많은 분의 연애 사연을 당사자의 목소리로 직접 들으면서 연인들이 진짜 고민하는 것, 가장 어려워하고 힘들어하는 부분이 무엇인지 더 깊고 상세하게 알게 되었습니다. 덕분에 이번 책에서는 지금까지와는 달리 실제로 연애 중이라면 모두가 궁금해하는 질문을 담으면서 제가 제안할 수 있는 일종의 '지침'과 현실적 활용 방법까지, 많은 이야기를 담을 수 있었습니다. '이것만 알고 있어도 연애가 덜 힘들지 않을까? 답을 찾는 것이 좀 더 수월하지 않을까?' 하는 부분들을 상담의 사례와 수많은 질문 속에서 엄선했고, '썸'부터 이별, 연애 중 고민과 재회까지, 연애를 하며 만나게 되는 거의 모든 지점을 다뤘습니다. 실제 연애 중이고 이별을 하고 재회를 하고, 다시 연애를 시작하게 될 분이라면 공감할 내용이 많을 것입니다.

작가로 활동하면서 책을 안내하는 프롤로그를 쓰는 것은 이번이 처음입니다. 지금까지와는 달리 책의 주제와 내용에서도 일반적인 연애 에세이와 전혀 다른 시도를 했기 때문입니다. 이 책에는 독자를 위로하고 토닥여 주는 문장이 없습니다. 하지만 수많은 상담 속에서 제가 얻은 경험을 토대로 제안하는 현실적 연애 노하우와 해결 방법, 실제 연애에서 시도할 수 있는 다양한 가이드와 정보는 자신을 붙들어 줄 누군가가 필요한 독자에게 큰 도움이 될 것입니다. 이 책을 발견한 모든 독자가 현재뿐 아니라 미래의 연애에서도 행복할 수 있도록 이 책이 조금이나마 도울 수 있기를 진심으로 바랍니다.

PART 2

가장 재미있는 연애
확인

PART 3

가장 뜨겁고 치열한 연애
사랑과 싸움

PART 4

가장 고통스러운 연애
이별과 재회

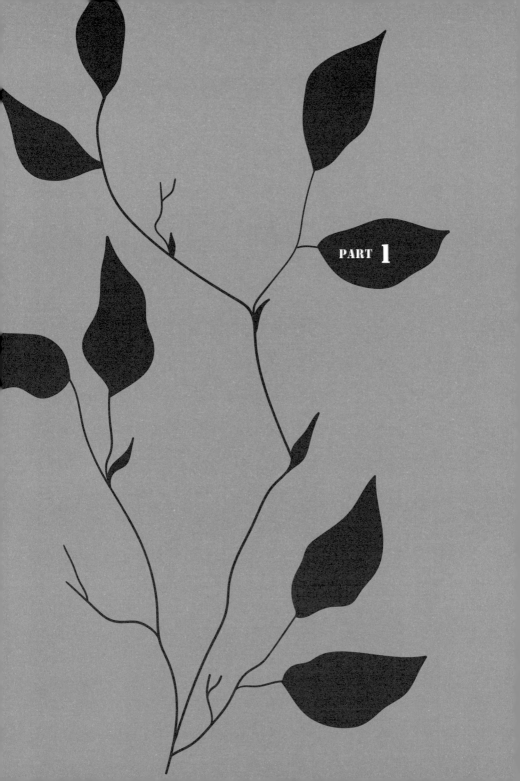

PART **1**

가장 설레는 연애

'썸'

그 사람은 당신의 사랑을
받을 자격이 있나요?

사람을 사랑한다는 마음은 굉장히 소중하고 귀한 마음이다. 설사 짝사빠라 하더라도 누군가를 좋아하는 자신의 마음을 아주 함부로 생각하거나 아무렇지 않게 여기지는 않을 것이다. 아무나 쉽게 좋아지지도 않을 것이며 또 누군가를 좋아하겠다고 억지로 마음먹는다고 호감이 생겨나는 것도 아니다. 그건 어떻게 보면 행운과도 같은 일이다. 수많은 사람 중 내 마음에 들어오는 한 사람을 만난다는 것, 그리고 그 사람을 향해 마음을 표현할 수 있다는 것이 삶에서 늘 일어나는 일은 아니다.

그런데 우리는 이 소중하고 중요한 마음을 받는 상대에 대해서는 크게 생각하지 않는다. 그래서 상대가 나의 사랑을 받기에 마땅한 사람인지 아닌지에 대한 의문을 거의 품지 않는다. 하지만 마음이 가기 전에 한 번 정도는 이 마음을 받을 상대가 이를 받을 만한 충분한 자격이 있는지에 대해 검증해 보라는 말을 하고 싶다.

흔히 자존감이 높은 연애를 하라고 하는데 이 검증 과정에서도 자존감은 여실히 영향을 미친다. 자신을 별로 사랑하지 않으며 자신감이 없는 사람은 연인에 대한 평가를 내리는 기준도 날 만나 주고, 나를 얼마나 좋아하는지, 나에게 얼마나 잘해 주는지 같은 것들이 대부분을 차지한다. 왜냐면 자존감이 낮은 사람일수록 타인이 자신을 어떻게 대하는지가 무엇보다 중요하기 때문이다.

하지만 자기 자신을 충분히 사랑하는 사람은 저 사람이 내게 어떤 자극을 주는지, 내가 저 사람을 만나서 어떤 시너지를 낼 수 있는지를 생각한다. 단지 나에게 잘해 주고 친절하다는 식의 이유만으로 만나지는 않는다.

여자들이 남자를 만날 때 가장 많이 하는 실수가 바로 누군가가 나에게 잘해 준다는 이유로 만나는 것이다. 사실 누군가에게 잘해 준다는 것은 마음만 먹으면 그리 어려운 일이 아니다. 그리고 큰 진심이 없어도 목적만 뚜렷하다면 얼마든지 그렇게 할 수 있다. 그래서 연애 상담을 하다 보면 남자들이 소기의 목적을 달성하고 난 다음부터는 마치 잡은 물고기에는 더 이상 먹이를 주지 않듯 그간의 친절하고 애쓰던 모습이 현저하게 사라져서 고민하는 여성들이 꽤 많다. 그 사람을 선택한 이유가 나에게 잘해 주기 때문이었는데 그게 중단되고 사라지니 여자는 당연히 마음이 불안해질 수밖에 없다. 그리고 안타깝게도 최악의 경우 상대는 점점 연락이 뜸해지다가 어느 날 이별을 통보하거나 이조차 하지 않고 아예 잠수를 타 버리기도 한다.

다시 하던 이야기로 돌아가서 나의 마음을 주는 일에 있어 상대가 그 마음을 받기에 합당한 사람인지 아닌지를 체크할 때는 외적인 조건보다는 그 사람의 내면이 훨씬 더 중요하다. 조건이야 굳이 눈 감지 않는 한 뻔히 보일 것이고 대개 그런 조건은 만난 지 얼마 되지 않아도 금방 알 수 있다. 반면 그 사람의 내면은 충분히 신경을 쓰고 주의 깊게 관찰하지 않으면 좀처럼 알 수 없다. 꽤 중요한 부분임에도 불구하고 우리가 자주 놓치는 것들이다.

상대가 어떤 생각을 갖고 어떤 마음으로 사는 사람인지, 삶에 대한 태도는 어떻고 사람과 사물을 대하는 태도는 어떠한지, 어떤 가치관을 갖고 어떤 삶과 인생을 살아가고자 하는 사람인지에 대해서는 다들 놀랄 정도로 무신경하다. 내면을 따지는 이유는 내가 어떤 사람을 만나는지 정확하게 알고 사귀어야 함은 물론이고 부수적으로는 이런 것에 문제가 없는 사람이어야 후에도 이로 인한 문제가 생길 일이 없기 때문이다. 위에 말한 것들에 큰 문제가 없는 사람이어야 나중에 사귀고 보니 별로 안 좋은 사람이었구나, 하며 실망하거나 속상해할 일이 줄어든다. 이게 단지 속상함 정도로 끝나면 모르겠지만, 간혹 헤어짐을 고려할 정도의 치명적인 단점을 가진 사람에게 마음을 주기 전에 그를 피할 수도 있다.

사람은 말로는 얼마든지 거짓말을 할 수 있다. 하지만 태도나 행동은 거짓으로 꾸며 내기가 쉽지 않다. 상대가 아무리 달콤한 말로 우리를 현혹시켜도 삶에 대한 태도와 생각마저 거짓으로 준비해 놓기는 힘들다.

예를 들어 멋진 차나 근사한 외형은 당장 돈만 있으면 가능한 것들이다. 하지만 이런 것에 점수를 주기보다는 그것들을 어떻게 꾸려 가고 있는지, 왜 그것을 선택하게 되었는지 등에 대해서도 충분히 살펴볼 필요가 있다. 단지 돈이 아니라 그 사람의 삶의 방식과 태도, 때로는 사상에 관한 문제이기 때문이다.

상대가 내게 말해 주는 정보와 눈에 보이는 그 사람의 표면적인 조건만이 전부라고 생각하지는 않았으면 한다. 나와 잘 맞는 사람인지를 보려면 그 사람의 인생관과 삶을 영위하는 방식, 즉 그 사람의 내면에 자리 잡은 것들 또한 중요하게 보아야 할 대목이다.

만약 이 과정을 제대로 거치지 않거나 생략하면 이미 마음은 마음대로 다 갔는데 그제야 하나둘씩 등장하는 상대의 단점 때문에 이러지도 저러지도 못하는 상황이 될 수도 있다. 이미 마음을 전부 상대에게 주었고 심지어 정까지 든 상황에서 단점이 보인다고 헤어지기란 생각보다 훨씬 어렵고 고통스러운 일이다. 그러니 마음이 가기 전에, 정이 들어 버리기 전에 살펴보아야 한다. 나의 사랑이라는 이 소중한 마음을 받기에 상대는 과연 합당하고 마땅한 사람인지를 말이다. 꼭 미래를 함께할 정도가 아니라 그저 내 인생에서 아주 잠시 스쳐 가는 연인이라 하더라도 연인 관계가 한 사람에게 미치는 영향력을 생각할 때, 다른 어떤 인간관계보다 깊이 생각하고 고민한 후에 관계를 맺어야 한다.

사람들은 종종 상대가 가진 나쁜 부분들을 처음부터 알았다면 만나지 않았을 거라고 말한다. 그런 부분들을 사귀기 전에 모조리 다 알아내기란 불가능하겠지만 적어도 내가 미리 알아볼 수 있는 부분들에 대해서는 관심과 주의를 기울이길 바란다. 다시 말하지만 그것이 상대가 당신을 좋아하는지 아닌지, 좋아한다면 얼마나 좋아하는지보다 훨씬 더 신경을 써야 하는 부분이다.

'첫인상'이라는
마법

누구나 첫인상이 중요하다는 사실을 잘 알고 있다. 하지만 왜 첫인상이 중요한지, 또 좋은 첫인상을 남기려면 어떻게 해야 하는지 구체적으로 알고 있는 사람은 드물다.

첫인상의 중요도를 단 한 문장으로 표현하자면 '첫인상을 결정할 때 걸리는 시간은 불과 3초 남짓이지만 이걸 수정하는 데는 60시간이 걸린다'이다. 자, 이것만 봐도 당신이 좋은 첫인상을 남겨야 하는 이유는 충분하지 않은가? 위에 나온 숫자로 계산해 보면 3초의 잘못된 첫인상을 수정하려면 7만 2천 배의 시간을 들여야 하는 셈이다.

첫 3초를 잘못해서 나중에 7만 2천 배의 시간을 들여 인상을 수정하느니 처음 3초에 첫인상을 잘 형성해 놓는 것이 백배 나은 일임은 더 말할 필요도 없을 것이다.

첫인상이란
무엇인가

그렇다면 첫인상은 과연 무엇일까? 첫인상은 소통의 시작으로, 사람이나 사물에 대해 총체적으로 요약된 평가이다. 여기서 중요한 것은 첫인상이 '평가'라는 점이다. 막연하게 느낌 정도로 그치지는 않는다는 얘기이다.

첫인상이 3초 안에 형성되는 만큼, 사실 외모에 기인하는 측면이 크다. 3초 만에 그 사람의 인품이나 성격을 알아내기는 힘들지만 외모는 스캔하는 데 3초도 안 걸리기 때문이다. 따라서 좋은 외모는 긍정적인 인상을 준다고 봐도 무관할 것이다. 예쁘고 잘생기지 않은 사람들에게는 청천벽력 같은 소리지만 그게 사실이다. 하지만 실망할 필요는 없다. 첫인상은 외모뿐 아니라 복장까지도 같이 포함하기 때문이다. 즉 당신이 예쁘고 잘생기지 않았다 하더라도 당신이 입은 옷과 신은 구두와 들고 있는 가방이 당신의 인상을 함께 결정하는 요인이 되어 준다.

첫인상을
좋게 남기는 법

위에서 잠깐 언급했다시피 첫인상을 결정하는 3초라는 시간은 사실 시각적 정보를 받아들이는 시간에 불과하다. 그러니 첫인상을 좋게 남기려면 외모에 아예 신경 쓰지 않을 수는 없다.

외모가 중요한 이유는 후광효과 때문이기도 한데 이는 하나가 좋으면 나머지도 좋을 것이라고 생각하는 심리를 뜻한다. 즉 외모가 괜찮은 사람은 성격이나 직업 등 나머지 부분에서도 좋을 거라는 기대를 주는 반면, 외모가 별로인 사람은 다른 조건이나 상황도 별로일 거라고 생각하게 된다.

외모 이야기가 나왔으니 말인데 조금 특이하게도 우리나라에서만 여성이 지나치게 예쁘면 다른 부분, 특히 능력과 관련하여 조금 부족할 수 있다는 부정적인 인상을 준다. 다시 말하지만 지나치게 예쁠 경우이다. 어느 정도 예쁜 것은 남성과 마찬가지로 좋은 인상을 준다. 물론 이런 사고방식은 점점 변화하고 있지만 현재로서는 이런 생각을 가진 사람들이 많다는 것을 어느 정도는 참고하자.

첫인상은 처음 만나는 동안 형성되는 모든 정보를 의미한다. 그러니 설사 처음 3초에 큰 인상을 남기지 못했다 하더라도 첫 만남을 가지는 시간 동안에는 얼마든지 내가 마음먹은 대로 첫인상 형성이 가능하다. 이때 주의할 점은 자잘한 장점 여러 가지를 어필하기보다 큰 장점 하나를 어필하는 것이 훨씬 효과적이라는 사실이다.

예를 들어 한 사람이 시간차를 크게 두지 않고 A, B라는 사람과 연달아 소개팅을 했다고 가정하자. A는 3점짜리 장점이 하나 있으며 B는 1점짜리 장점이 세 가지 있다. 사실 총량으로 보면 두 사람 다 장점이 총 3점이지만 더 좋은 인상을 주는 쪽은 A이다. 그래서 자신의 가장 큰 장점이라 생각되는 것 한 가지 정도를 크게 어필하는 것이 좋은 첫인상을 줄 수 있는 방법 중 하나이다.

또한 사람들은 부정적인 특성을 긍정적인 특성보다 더 크게 느낀다. 특히 인상 형성 과정에서 부정적인 정보가 훨씬 강력하게 작용하는데 자신이 얻을 이익보다는 가해질 해로움에 더 민감하게 반응하는 심리 때문이다. 이를 고려할 때 첫인상을 형성하는 과정에서는 폭력성을 보인다거나 욕설을 내뱉는 등 상대에게 위협적으로 보일 만한 일을 결코 해서는 안 된다(평소에도 하면 안 되지만 첫인상을 결정짓는 동안에는 더더욱 해서는 안 된다는 얘기다). 아무리 외모가 출중하고 능력이 좋아도 폭력성 같은 부정적인 정보가 상대에게 입력된다면 결코 좋은 인상을 줄 수 없다.

대체로 차가운 인상보다는 따뜻한 인상을 주는 것이 좋은 첫인상을 심는 데 도움이 되는데, 사람은 따뜻하다는 것에 더 큰 비중을 두며 동일한 조건일 경우 따뜻한 쪽에 더 많은 점수를 주기 때문이다.

이와 관련한 실험 결과가 있는데, 학생을 그룹 A와 B로 나누고 새로 오실 선생님의 특징을 동일하게 나열한 다음 A 그룹에게는 선생님이 따뜻한 사람이라 말하고 B 그룹에는 선생님이 다소 냉정하고 차가운 성격이라 말했다. 이때 A 그룹은 상당수가 선생님을 좋은 사람일 거라 평가한 반면 B 그룹은 선생님을 부정적으로 평가하는 비율이 높았다.

좋은 첫인상을 심는 것도 중요하지만 나쁜 인상을 주지 않는 것 역시 중요하다. 특히 처음 만나는 자리에 지각하거나 피곤한 모습, 심드렁한 표정으로 있는 것은 아무리 개인 사정이 있어도 좋은 인상을 주기 힘들다. 좋은 첫인상을 주기 어렵다면 나쁘거나 부정적인 면을 줄이는 것만으로도 최소한 다음에 한 번 더 만나 볼 여지 정도는 심어 줄 수 있다.

그런데 우리는 첫 대면만을 첫인상으로 보지는 않는다. 타인에게 소개받거나 그 사람을 만나기 전에 살펴보는 SNS를 통해서도 상대의 첫인상을 평가한다. 그럼 SNS에서는 어떻게 하면 좋은 첫인상을 남길 수 있을까?

SNS상에서
좋은 첫인상 남기는 법

당연한 얘기지만 SNS에서는 그 사람의 실제 모습이 아니라 자신을 소개하는 글이나 이미지, 써 놓은 글 등이 첫인상을 결정한다.

만약 SNS에 올린 시각적 이미지(대문 사진이나 올려 둔 사진)가 외향적이고 긍정적이라면 그 사람이 써 놓은 글이 어떻든 영향을 크게 미치지 않는다. 인간은 시각적 정보를 먼저 받아들이고, 먼저 들어온 정보를 더 중요하게 느끼기 때문이다. 하지만 반대로 시각적 이미지가 내향적이거나 부정적일 경우에는 써 놓은 글이 더 큰 영향을 미친다. 만약 어두운 이미지를 잔뜩 올려 놓은 사람이 글까지 어둡고 우울하게 써 놓았다면 이 사람의 인상은 어둡고 우울한 느낌으로 자리 잡게 된다. 반면 올려 둔 이미지는 조금 어둡더라도 밝고 긍정적인 내용의 글이 많다면 이때는 글이 좀 더 힘을 발휘해서 이 사람을 긍정적으로 평가하는 데 도움을 준다.

또한 여기저기에서 퍼 온 글이나 사진들로만 SNS를 채우기보다는 본인의 생각을 쓴 글이나 직접 찍은 사진과 이미지가 많은 편이 훨씬 더 좋은 인상을 준다. 물론 퍼 온 글들을 통해 상대의 관심사를 파악할 수는 있지만 좋은 인상을 남기는 것은 결국 자신이 쓴 글이나 직접 찍은 사진이다.

여기까지 첫인상의 의미와 좋은 첫인상을 남기는 방법을 대략적으로 살펴보았다. 다시 말하건대 첫인상이 전부는 아니지만 그 사람을 평가하는 데 상당 부분을 차지하며 일단 한번 형성된 첫인상은 쉽사리 수정되지 않는다. 즉 첫인상을 나쁘게 심어 두면 그걸 수정하는 데에도 엄청난 시간과 노력이 들뿐더러 심지어 잘 바뀌지도 않는다. 상대에게 굳이 나쁜 인상을 줄 의도가 아니라면, 그리고 적어도 이성을 만나 연애를 해야겠다고 생각한다면 되도록 좋은 첫인상을 주도록 노력해야 할 것이다.

◆ 첫인상은 3초 안에 결정되며 이걸 수정하려면 7만 2천 배의 시간이 걸린다.
◆ 인간은 일관성을 유지하려는 심리가 있기 때문에 한번 형성된 첫인상은 쉽게 바뀌지 않는다.
◆ 제일 처음 들어온 정보가 후에 들어온 정보보다 훨씬 더 큰 영향을 미친다. (초두효과)
◆ 하나가 좋으면 나머지도 다 좋을 거라고 여기는 심리가 있다. (후광효과)
◆ 자잘한 장점 여러 개보다는 큰 장점 하나를 어필하는 것이 더 효과적이다. (평균원리)
◆ 긍정적인 특성보다 부정적인 특성이 훨씬 더 크게 각인된다. (부정성효과)
◆ 차갑고 냉정한 것보다는 따뜻하다는 인상을 주는 것이 더 좋은 첫인상을 남긴다. (중심특성)

이것은
썸일까?

내가 연애 칼럼니스트로 활동하던 초창기만 해도 '썸'이라는 표현
은 없었다. 그저 연애 전 단계 혹은 연애를 할 수도 있는 상황 정도로
만 표현되었을 뿐, 연애 바로 전단계인 '썸'을 나타내는 정확한 단어
는 존재하지 않았다. 그 기간을 뭐라 부르든 실제로 연애에 돌입하기
바로 직전의 상태인 '썸'이야말로 가장 중요한 시기이면서 또 예민한
기간이다. 이 기간에 상대방과 어떻게 관계를 이어 가느냐에 따라 썸
이 연애로 이어질지 흐지부지 끝나 버릴지가 결정된다.

썸은 말 그대로 연애로 가기 바로 직전 통과의례 같은 거라고 보

면 된다. 물론 보자마자 첫눈에 반해서 고백하고 바로 사귀는 연인도 있지만 대개는 상대와 연애를 할지 말지 고민하고 결정하는 썸의 단계를 거치게 된다. 그런데 문제는 썸이라는 것이 연애처럼 서로를 연인으로 지칭하거나 오늘부터 1일이라는 식으로 확정 짓는 게 아니기 때문에 이것이 썸인지 아닌지 판단하기가 매우 모호하다는 점이다. 때로는 상대가 단지 친절하게 대했거나 다른 이유로 베푼 호의를 썸으로 오인하는 경우가 발생하기도 한다.

상대가 내게 자주 연락한다는 사실만으로 썸으로 보기에는 조금 무리가 따른다. 만약 연락을 반드시 주고받아야 하는 정확한 이유가 있다면 아무리 연락이 잦아도 썸이 아닐 확률이 높다. 그런데 연락하는 이유는 명확하게 존재하지만 원래의 목적보다는 사적인 대화를 더 많이 나누고 상대가 나와 조금 더 길게 대화하고 싶어 하는 느낌이 든다면 그건 썸에 가깝다.

썸 타는 사이에서 상대는 대개 두 가지 부분에 대해 되도록 많은 대화를 나누려고 할 것이다. 자기 자신에 관한 것, 그리고 나에 대한 것이다.

썸을 타고 있다면 상대는 어떤 식으로든 나에게 어필하려고 하기 때문에 자기가 어떤 사람인지에 대해 많이 이야기한다. 뭘 좋아하고 싫어한다는 단순한 취향에서부터 자신의 과거와 현재에 걸쳐 다양한 이야기를 할 것이다. 만약 당신에게 부모님 또는 전 연애에 대해 이야기한다면 이건 단순히 당신과 친분을 쌓으려고 하는 이야기들이 아니다. 부모에 관한 이야기는 자신이 어떤 집안과 어떤 환경에서 자랐는지 그 히스토리를 들려 주고 싶은 것이고, 전 연인에 대한 이야기에는 앞으로 연애를 하게 된다면 당신이 참고할 만한 중요한 정보가 들어 있다. 특히 전 연애에 대한 이야기는 그 사람이 당신과 어떤 연애를 하고 싶은지에 대한 방향성과 관련되며, 만약 전 연애의 좋지 않은 기억들을 이야기한다면 그건 당신과 연인이 되었을 때 절대 반복하고 싶지 않은 부분이다.

썸을 타면 자신이 어떤 사람인지 어필하는 것만큼이나 상대가 어떤 사람인지 아는 것도 중요하다. 따라서 상대는 당신에 대해 계속 이런저런 질문을 할 것이다. 그 질문에는 당신의 취향에서부터 사소한 생활 습관이나 이상형, 미래에 하고 싶은 일 등 당신에 대한 거의 모든 것이 포함된다. 만약 상대가 자기 이야기만 하고 당신에 대해 궁금한 점이 아무것도 없다면 썸을 탄다기보다는 그냥 자신에 대해 떠벌리기를 좋아하는 사람이라고 봐도 무관하다. 호감의 기본은 상대에 대한 호기심인데 자기 얘기만 하고 나에 대해 묻지 않는다면 그건 내게 호감이 없다는 뜻이다.

썸을 타는 관계는 단순히 연락을 많이 하는 것에서 그치지 않고 어떻게든 직접 만나려고 한다. 꼭 봐야 할 이유는 없지만 어떻게든 이유를 만드는데, 예를 들어 내가 조그만 친절을 베풀었다면 보답으로 밥이나 술을 사겠다고 하거나, 인스타에서 핫한 장소를 알게 되었는데 같이 가자고 권하는 경우가 이에 해당된다. 나를 만나려면 내 스케줄을 미리 알아야 하므로 주말에 뭐 하는지 묻거나 내 일정을 궁금해한다면 상대가 나를 썸녀 혹은 썸남으로 생각하는 증거로 볼 수 있다.

썸을 타는 관계에서는 상대가 내 이야기에 집중하고 내 얘기에 대한 반응도 호의적일 것이다. 내 말에 잘 웃어 주거나 리액션이 크다면 나에게 관심이 있다는 증거이다. 남성은 관심이 있는 여성에게 자주 장난을 치기도 하는데 그냥 여자 사람 친구에게는 잘 하지 않는 행동이다.

만약 상대와의 관계가 위에서 말한 모든 경우에 해당되긴 하지만 그래도 썸인지 좀 더 확실하게 확인하고 싶다면 상대에게 이상형을 물어보라. 누가 봐도 나와는 연관이 없거나 아예 반대로 말한다면 그건 썸이 아니다. 하지만 이상형이 나와 거의 비슷하거나 내가 가진 모습이 투영된 듯하다면 그건 썸으로 볼 수 있다. 또 내게 누군가를 딱히 소개해 주지는 않으면서 계속 연애를 하라고 말한다면 나와 사귀고 싶다는 이야기를 돌려 말하는 것일 수도 있다. 덧붙여 연애를 권하는 동시에 자신도 연애하고 싶다거나 요즘 외롭다는 식으로 말한다면 십중팔구 썸이 잘 흘러가고 있다는 뜻이다.

썸 타는 기간은 사람마다 다르겠지만 썸을 너무 오래 끌지는 않아야 한다. 관계에 별 진전 없이 썸만 6개월 이상 타게 되면 어느새 서로 지쳐서 흐지부지될 수 있다. 반드시 그 전에 상대에 대한 호감을 정확하게 표현해야 한다. 어설프게 밀당을 해야겠다는 생각에 모호하게 굴지 말고 확실하게 감정을 표현해야 썸에서 연애로 넘어갈 수 있다.

나를 좋아하는 사람과
관심 없는 사람을 구분하는 방법

연애를 시작하기 전 혹은 연애 도중에 우리는 아주 기본적인 한 가지 문제에 봉착하게 된다. 바로 상대가 나를 좋아하는지 나에게 관심이 없는지에 관한 문제인데, 알면 간단해 보이지만 의외로 많은 사람이 이 부분에 대해 명확한 답을 내리기 어려워한다. 상대의 시그널을 객관적으로 읽어 내지 못하기 때문이다.

그렇다면 왜 상대의 시그널을 제대로 읽지 못할까? 나 자신에 관한 일이라서 이미 객관성을 잃었으며 게다가 상대를 좋아하거나 호감을 느낀다는 마음과 감정이 얽혀 있기 때문이다.

지금부터 나열하는 것들은 상대가 나에게 관심을 가졌을 때 보이는 행동이나 특징이다. 단 이렇게 하지 않는다고 해서 나에게 관심이 없다고 단정 짓기보다는 참고 사항 정도로 보길 바란다.

사람이 누군가를 좋아하게 되거나 누군가에게 관심이 있다면 기본적으로 이 세 가지를 반드시 할애하게 되어 있다. 바로 시간, 돈, 정성이다. 물론 상황에 따라 세 가지를 모두 쏟지는 못할 수도 있겠지만 특별한 사정이 없는 한 대개 이 셋은 세트로 존재한다고 봐도 무관하다.

먼저 누군가를 좋아하거나 관심이 있다면 그 사람을 위해 시간을 쓰게 되어 있다. 그것도 남아도는 시간을 쓰는 게 아니라 어떻게든 일정을 조율하고 맞춰 가면서까지도 시간을 쓴다. 만약 상대가 자꾸 약속을 미루거나 펑크 내고, 함께 있는 동안에도 계속 시계를 보거나 빨리 헤어지려고 한다면 어떻게 봐도 관심이나 호감의 표시로 볼 수 없다. 우리는 관심 없는 것에는 절대로 시간을 할애하지 않는다. 따라서 당신에게 시간을 얼마나 쓰는지, 그 시간을 내기 위해 어떤 노력을 기울이는지는 매우 중요한 부분이다.

돈에 관해서는 다소 오해의 소지가 있을 수도 있는데, 개개인마다 경제 사정이 다르기 때문에 절대적인 금액을 정할 수는 없다. 하지만 상대를 좋아한다면 돈 역시 시간과 마찬가지로 반드시 일정 부분을 쓰게 되어 있다. 사람들은 관심 없는 일에 절대 돈을 쓰지 않으며, 돈은 시간에 비해 물리적으로 잘 드러나므로 훨씬 더 파악하기 쉽다.

애를 쓰거나 노력하는 등 정성을 보이는 부분에서는 시간과 돈뿐만 아니라 데이트와 약속 이행부터 연락 문제까지 모든 것이 다 포함된다. 상대가 나를 소홀하게 대하고 내가 그것에 서운한 감정을 느끼고 있다면 상대가 당신에게 충분히 반했다고 보기는 어렵다.

다음으로는 연락 부분이다. 먼저 연락하지는 않거나 혹은 내 연락에 응답하기까지의 시간이 지나치게 길다면 상대가 당신을 좋아한다고 보기는 어렵다. 물론 상대는 바쁘다는 핑계를 댈 것이다. 하지만 우리 모두 알다시피 사람은 누군가를 좋아하면 아무리 바빠도 어떻게서든 짬을 내어 연락한다. 바쁜 사람도 밥은 먹고 화장실도 가며 잠도 잔다. 정말로 좋아하면 바쁜데도 불구하고 연락하거나 혹은 바쁜 일을 조금 줄여서라도 (만나는 시간까지는 몰라도) 연락할 시간 정도는 낼 수 있다.

두 사람이 나누는 대화에 내가 포함된 미래가 등장한다면 이 역시 나를 좋아하고 있다는 증거이다. 가까운 미래든 먼 미래든 현재가 아닌 앞으로의 시간에 내가 포함된 얘기를 자주 한다면 그건 확실하게 나를 좋아한다는 시그널이다. 사실 이건 실제로 하는 약속이라기보다는 일종의 반응이라고 보아야 하므로 나와 함께하는 미래가 굳이 구체적이거나 현실성이 확보되어야 할 필요는 없다. 일단 나와 함께하는 미래를 긍정적으로 보고 있다는 사실 자체가 그 사람의 현재 마음 상태를 나타내 준다.

대화를 나눌 때 묻지 않았는데도 상대가 자신의 하루 일정과 주말 계획 등을 미리 이야기한다면 이 또한 당신에게 관심이 있다는 증거이다. 만약 상대가 바쁘다고 했을 때 그냥 '바쁘다'가 아니라 구체적으로 무엇 때문에 바쁘고 언제쯤이면 바쁜 일이 끝날지를 함께 이야기한다면 이를 당신과 만날 일정을 조율하기 위한 초석으로 보아도 좋을 것이다. 반대로 내가 물어봐야만 그제야 오늘의 일정을 말하거나, 주말이나 쉬는 날에 딱히 할 일은 없지만 피곤해서 집에서 쉬겠다는 식으로 당신과의 만남에 적극적이지 않다면 그때는 관심이 없다고 봐야 한다.

상대가 친구나 가족 등 주변 사람들에게 내 이야기를 하는 것도 나에게 관심이 있다는 증거이다. 사람들은 보통 중요하지 않은 인물에 대한 이야기를 친구나 지인과 공유하지 않는다. 내게 의미가 있는 사람일 때만 사람들에게 그 존재를 이야기하는데 이렇게 당신을 주변인에게 오픈하고 있다면 그건 관심이 있다는 증거이다.

나와 함께 있지 않는 시간에도 내 생각을 하거나 나와 관련된 일을 한다면 그건 당신을 좋아하고 있다는 얘기이다. 예를 들어 당신이 재미있다고 이야기했던 영화를 보거나 책을 구입했다면 100% 확실하다. 우리는 누군가에게 관심을 가지게 되면 그 사람이 좋아하는 것부터 시작하여 그 사람과 연관된 것들을 모두 다 알고 싶어 한다.

당신을 칭찬하되 칭찬의 내용이 구체적이라면 상대가 당신에게 관심이 있다는 증거이다. 두루뭉술한 칭찬은 누구나 쉽게 할 수 있지만 매우 구체적인 칭찬은 그만큼 자세히 관찰하고 생각해야만 할 수 있다. 예를 들자면 그냥 '얼굴이 예쁘다'가 아니라 '속눈썹이 길어서 예쁘다' 혹은 '눈동자 색이 예쁘다'처럼 세분화되고 구체적인 칭찬의 말을 건넸다면 당신을 그만큼 천천히 공들여 관찰했다는 얘기다. 단 칭찬이 너무 과하거나 틀에 박힌 것 같은 경우에는 조금 경계해야 한다. 그건 당신과의 관계를 급진전시키고 싶어서 하는 행동인데, 적절한 단계나 시간을 들이지 않고 급진전하겠다는 것은 그만큼 좋아서라기보다는 가볍고 캐주얼한 관계를 원하기 때문일 확률이 높다.

당신이 하는 행동에 긍정적인 의미를 부여하는 것 또한 좋은 시그널로 볼 수 있다. 설사 별 의미 없는 행동이나 말이었다 하더라도 상대가 거기에서 무언가 의미를 찾고 있고 긍정적으로 해석하려 한다면, 그건 어떻게든 당신을 좋게 보기 위해 노력하고 있거나 이미 당신을 좋게 보고 있다는 얘기이다.

나의 사소한 기호나 취향을 기억하고 있다면 나에 대해 그만큼 신경을 쓰고 있다는 건데, 반대로 여러 번 이야기하거나 보여 주었음에도 불구하고 내 취향이나 기호를 거의 기억하지 못한다면 그 사람은 당신의 안락함이나 편안함에 대해 신경 쓰지 않고 배려하지 않는다는 증거이다.

상대가 나를 따라 하는 것들이 생긴다면 그것 역시 좋은 신호이다. 인간은 누군가와 친밀해지고 싶을 때 본능적으로 상대를 따라 하게 되어 있다. 특정 말투나 시그니처로 쓰일 만한 표현부터 당신이 쓰는 물건까지 다양하게 따라 하고 있다면 그건 당신을 좋아한다는 증거다.

상대가 당신을 좋아한다는 증거가 될 만한 시그널에 대해 살펴보았다. 그러나 이보다 더 중요한 사실이 있다면 사람은 관심 있는 상대가 좋아할 행동을 하기도 하지만 기본적으로 상대가 싫어할 행동을 절대 하지 않는다는 것이다. 이 모든 것을 종합해서 상대의 시그널을 잘 읽어 내는 동시에 사람의 성향에 따라 개인 차이는 얼마든지 존재할 수 있다는 것도 잊지 않길 바란다.

짝사랑을
이루고 싶다면?

　　살면서 단 한 번도 짝사랑을 해 본 적 없는 사람이 있을까? 어릴 때 학교 선생님을 짝사랑했든 학교 선배를 짝사랑했든 대개 본격적으로 연애하기 이전, 때로는 그 이후에도 한 번 정도는 짝사랑을 해 봤을 것이다.

　　만약 짝사랑하는 상대와 사귀겠다는 목적도 대책도 없이 그저 좋아하는 마음만으로 충분하다면 모르겠지만 그게 아니라 그 사람과 진짜로 연애하는 것이 목적이라면 몇 가지 알아 둬야 할 사항이 있다.

당신이 알아야 할 중요한 사실 첫째는 당신은 이미 상대에게 마음을 들킨 상태라는 점이다. 혹시 완벽하게 숨기고 있다고 착각할지 모르겠지만 말로 하지 않았어도 당신의 모든 비언어적인 행동은 상대를 향한 마음을 완벽하게 증명하고도 남았을 것이다. 표정과 몸짓, 눈빛과 분위기 등 모든 비언어적인 것들은 굳이 말로 고백하지 않아도 당신의 짝사랑을 충분히 드러냈을 것이다(당사자뿐 아니라 주변인에게 들키는 상황까지 포함한다면 사실 짝사랑을 완벽하게 숨기기란 굉장히 어려운 일이다).

이렇게 되면 한 가지 문제가 발생한다. 당신은 이미 여기에서부터 을의 입장이 된 것이다. 연애는 두 사람이 서로 좋아해야 가능한 일인데 한쪽의 마음을 알기도 전에 다른 한쪽은 이미 좋아하고 있다는 사실이 명백하다면 키는 당신이 아닌 상대가 쥔 셈이다. 상대도 자신의 마음에 의해 이 관계가 연인 사이로 발전할지 그저 당신의 짝사랑으로 끝날지가 결정된다는 사실을 잘 알고 있다.

시작도 하기 전에 어느 한쪽이 명백한 갑이 되는 것은 연애에서 그리 좋은 상황은 아니다. 사실 연애를 하면서도 갑과 을이 너무 극명하게 존재하면 별로 좋지 않은데 이건 제대로 시작하기도 전에 갑과 을이 이미 정해진 모양새인 것이다.

자, 그렇다면 당신은 이 상황에서 어떻게 해야 매력적인 사람이 되어 짝사랑을 넘어 연애를 할 수 있을까? 불행히도 이때는 당신이 어느 정도 매력을 갖춘 상태여야 성공 확률이 높아진다. 당신에게 아무 매력이 없고 연애 경험이 거의 없으며 심지어 모태 솔로이거나 이성에게 인기가 없다면, 흔히 픽업 아티스트가 이야기하는 대로 조금 애를 쓴다고 모든 이성을 사로잡을 수는 없다. 당신의 매력을 상대가 최대한 볼 수 있도록 해야 하는데, 이는 상대를 향한 친절이나 헌신보다는 다른 이들을 대하는 모습이나 방식을 통해 상대에게 더 쉽게 포착된다. 상대를 향해 직접적으로 움직이는 것은 뭘 해도 당신이 매달리는 것으로 보일 뿐이다. 그러니 상대가 아니라 상대의 주변인 혹은 함께 연관된 사람에게 더 잘하도록 하라. 상대를 향한 직접적인 친절과 구애에 목숨 걸지 말길 바란다. 그런 방식으로는 당신이 어떤 새로운 것을 하고 어떤 정성을 쏟아도 소용없을 확률이 높으며, 의도와 다르게 상대를 더더욱 슈퍼 갑으로 만들어 버릴 수도 있다.

당신은 지금부터 매우 전략적으로 움직여야 한다. 그냥 덮어놓고 잘해 주고 매일 단답으로 끝나는 문자나 톡을 열심히 해 대고 상대가 좋아하는 커피나 간식을 매일 그 사람 자리에 둬 봤자 상대가 단지 그 이유로 당신을 사귀는 일은 절대 일어나지 않는다. 차라리 짝사랑 상대에게 조금 냉정하다 싶을 정도로 다른 이들보다 조금 덜 잘해 주는 게 좋다. 그러면 상대는 자신이 받았다고 생각하는 시그널이, 즉 당신이 자신에게 호감이 있다는 사실이 혹 잘못 판단한 건 아닌지 몰라서 혼란스러워하게 된다. 이왕 들켜 버렸으니 그냥 앞뒤 재지 않고 잘해 주어서는 그다지 승산이 없다. 연애 상담을 하면서 정성이 부족해서 짝사랑이 연결되지 않은 경우는 단 한 번도 보지 못했다. 당신 눈에 매력적인 그 사람은 이미 다른 사람들에게도 매력적이었을 것이고 당신 이전에 수많은 '당신들'이 있었을 것이다. 그럴 때마다 그 사람이 다 사귀어 주지 않았을 것임은 당연한 일이다.

이미 당신의 마음을 들키긴 했지만 상대가 당신의 짝사랑을 확신까지 하게 만들 필요는 없다. 우리는 자신을 좋아하는 사람을 두고 틀림없이 나를 짝사랑하고 있고 완전히 나에게 반했다고 굳게 믿지는 않는다. 상대가 제대로 된 행동이나 말로 표현하기 전까지는 그저 '나에게 호감이 있구나' 정도로만 생각한다. 그런데 당신이 자꾸 대시를 해 대면 상대의 생각은 곧 확신으로 바뀐다. 이 사람은 확실히 나를 짝사랑하고 있으며 내 마음을 얻지 못해 안달이라고 말이다.

이럴 때는 오히려 당신이 여태 보인 호감을 상대가 확신하지 못하게 만드는 것이 좋다. 사람은 뭔가 확실하지 않은 게 있으면 그것에 대한 명확한 결과와 결론을 내고 싶어 한다. 좋아하는 것 같기는 한데 또 어떻게 보면 아닌 것 같을 때 상대는 어떻게 하겠는가? 그걸 알아보기 위해서라도 당신에게 기회를 준다.

그러나 상대가 나에게 조금 우호적으로 나왔다고 해서 그 손을 덥석 잡아서는 안 된다. 이럴 때는 상대의 아리송한 마음에 확신을 주는 게 아니라 더 아리송하게 해야 한다. 또다시 알아보고 또 알아보게 만들어야 한다. 당신의 입장은 '그대가 무슨 마음이든 무슨 행동을 하든 상관없이 나는 당신을 깊이 사랑하고 있습니다'가 아니라 '당신이 나와 잘 맞는 사람이라면 나는 당신을 연애 상대로 생각할 수 있습니다' 정도여야 한다. 그래야 상대도 당신에 대해 어떤 감정인지 앞으로 어떤 가능성이 있는지를 생각해 볼 수 있다. 전자처럼 행동하면 상대가 할 수 있는 것은 거절과 수락 두 가지 중 하나이며 심지어 수락보다는 거절의 가능성이 높아진다. 하지만 후자의 경우에는 상대도 당신에게 관심을 가지고 당신을 지켜볼 수 있게 된다. 잘해 주는 것으로 도가니탕을 펄펄 끓여 상대를 빠트릴 게 아니라면 당신의 매력이나 가치로 당신을 선택하게 만들어야 한다.

짝사랑에 성공하고 싶거든 지금보다 더 잘할 생각을 하지 말고 지금까지 내가 뭘 했는지를 파악하고 현재 당신과 상대의 위치를 정확히 알아야 한다. 그리고 무엇보다 먼저 자신에게 물어보길 바란다. 내가 짝사랑하는 저 사람이 과연 내가 이렇게 애를 쓸 만큼 가치가 있는지를 말이다. 혹시 현재 내 사람, 내 연인이 아니기 때문에 가지지 못한 것에 대한 욕망으로 눈이 먼 상태는 아닌지 냉정하게 잘 판단해 보길 바란다.

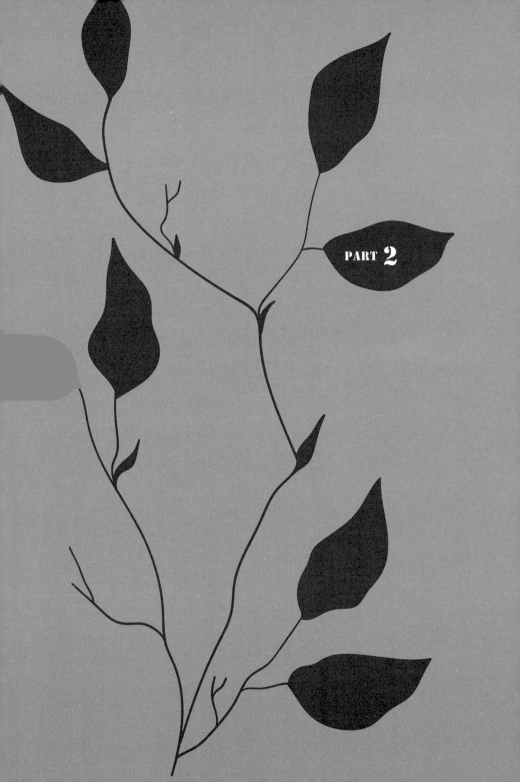

PART **2**

가장 재미있는 연애

확인

당신은 좋은 사람을
만나고 있나요?

연애를 꿈꾸는 사람들은 저마다의 이상형이 있다. 이상형만 놓고 보자면 백 명의 사람에게는 백 가지의 이상형이 존재한다. 하지만 이상형은 다 다를지라도 이 안에 공통적으로 존재하는 것이 있다면 바로 좋은 사람을 만나고 싶다는 마음일 것이다.

그렇다면 좋은 사람이란 어떤 사람일까? 좋은 사람에 대해 명확히 정의된 기준은 없다. 범법 행위를 하지 않는 사람을 좋은 사람으로 생각할 수도 있고, 나에게 상처 주지 않고 나만 바라보는 사람이 좋은 사람일 수도 있다. 때에 따라서는 절대로 바람을 피우지 않을 사람이나 술, 게임, 도박에 중독되지 않을 사람 등등 좋은 사람의 형태는 매우 다양하다.

하지만 여기서 말하는 좋은 사람은 의미가 조금 다르다. 상대의 기본 조건에 해당한다기보다는 나와 연애하기에 좋은 사람을 뜻한다.

연애할 때 상대가 좋은 사람인지 알려면 그 사람이 아닌 나 자신을 보면 된다. 내가 그 사람을 만나면서 무언가 좋은 방향으로 변화하거나 현재보다 더 나은 사람 또는 좋은 사람이 되고 싶어진다면 그가 바로 좋은 사람이다.

고통스럽거나 힘든 연애를 해 본 사람들은 아마 잘 알 것이다. 내가 결코 본 적 없고 그러리라 상상도 하지 못했던 나의 밑바닥을 보게 되고, 그 사람과 다투고 갈등을 겪는 과정에서 이전 연애에서는 한 번도 하지 않았던 행동들을 하게 된다. 한마디로 그 사람을 만나서 내가 점점 나쁜 사람으로 변해 가는 듯한 기분이 든다.

물론 변한 사람은 나 자신이고 일차적으로는 스스로에게 가장 큰 원인과 책임이 있다. 하지만 그 사람을 만난 이후부터 변했다면 이건 모두 나만의 탓일까?

이전 연애에서 단 한 번도 해 본 적 없고 원래 자신의 성향, 버릇, 습관 등과 아무런 상관이 없는 부정적인 면이 이번 연애를 하면서 새로이 발현되었다면 그건 당신이 좋지 않은 사람을 만나고 있다는 증거가 될 것이다.

그런데 좋은 사람이라면 나를 사랑해 주고 나에게 정성과 애를 쏟는, 이른바 나에게 '잘해 주는' 차원을 넘어선 다른 무언가가 있어야 한다. 앞서 설명했다시피 내가 조금 더 나은 사람이 될 수 있도록 어떤 의미에서든 현재보다 발전하고 성장할 수 있게 돕는 이가 좋은 사람이다.

좋은 관계를 형성한 사람들은 그 관계의 종류를 막론하고 서로 공감과 성장을 이룰 수 있어야 한다. 공감은 두 사람의 사이가 가까워지기 위해서 필수적으로 필요한 요소이며 동시에 안정감을 느끼게 해 준다.

사람은 이 세상에 혼자 남겨진 것 같거나 아무도 나를 이해하지 못하고 그 누구에게도 진심으로 받아들여지지 못한다는 느낌이 들 때 심하면 더 이상 세상을 살 이유가 없다고 생각하기도 한다. 그만큼 타인에게 공감을 받는 일은 중요하다. 그저 내 슬픔과 기쁨을 함께 나누는 것이 전부가 아니다.

공감이란 내가 가진 감정의 거의 대부분을 타인이 마음을 다해 이해하고 받아들여 주는 일련의 행위이다. 깊이 공감을 받고 있는 사람은 절대로 자신이 혼자라고 생각하지 않는다. 그리고 어떠한 행동을 하기 전에 이 일이 자신뿐 아니라 나를 이해하고 공감해 주는 상대방에게 미칠 영향까지 고려하게 된다.

공감이 충분히 형성된 관계에서는 함께 성장할 수도 있어야 한다. 우리가 관계에 대해 말할 때 상호 공감은 고려해도 성장은 좀처럼 생각하지 않는 이유는 성장을 외적인 것에만 국한하기 때문이다.

실제로 연인을 만나서 일이 잘된다거나 성적이 오르는 등의 케이스도 많다. 그러나 그런 것이 성장과 발전의 전부는 아니다. 성장은 내면에서 일어나는 긍정적인 변화들이며 지금보다 더 나은 내가 되게 하는 모든 것을 포함한다. 하다못해 상대를 만나고 나서 짜증을 내는 횟수가 조금 줄었다면 그것도 아주 큰 내적 성장이다.

좋은 사람은 바로 이러한 것을 가능하게 한다. 내가 한 단계 성장하고 발전하고 있다는 느낌, 무언가 더 나은 사람 혹은 좋은 사람이 되어 가고 있다는 것은 연인 관계에서 이룰 수 있는 가장 최상의 결과이다. 바꾸어 말하면 단지 연애를 하고 사랑을 했을 뿐인데 나를 더 좋은 사람이 되게 만드는 사람은 내게 있어 최고의 연인인 것이다.

비단 상대에게만 이를 바랄 것이 아니라 나 역시도 상대에게 그런 사람이 되고자 노력해야 한다. 연애는 어떤 감정이 되었든 주고받게 되어 있다. 그런 의미에서 보자면 좋은 사람을 만나고 싶은 만큼 당신 또한 상대에게 좋은 사람, 즉 상대의 성장과 발전을 도울 수 있거나 혹은 그러한 생각을 품게 만들어 줄 수 있는 사람이어야 한다.

다음 항목을 체크해 보면 당신이 지금 좋은 사람을 만나고 있는지를 객관적으로 살펴볼 수 있을 것이다.

첫째, 나를 불안하게 하지 않는 사람 (안정감을 주는 사람)

둘째, 나의 발전을 돕는 사람 (외적인 것과 내적인 것 모두 포함)

셋째, 함께 꿈꿀 목표나 비전을 제시하는 사람

만약 이런 사람을 만나고 있다면 당신이 좋은 사람과 연애하고 있다는 증거가 될 것이다. 그리고 그 사람과의 시간은 설령 연애가 끝나더라도 당신에게 좋은 영향력으로 오래 남을 것이다.

당신이 어장에
갇혀 있다는 증거

연애는 유독 물고기에 빗대어 말하는 경우가 많은데 이를테면 '미끼를 던진다'라든가 '잡은 물고기'라거나 '어장 관리' 같은 표현이 그러하다. 대개 긍정적인 의미보다는 부정적인 의미로 쓰이며 어장 관리 같은 표현은 특히나 더 부정적이다.

어장 관리는 말 그대로 상대가 나를 현재의 연애 상대로 본다기보다는 잠재적으로 연애 가능성이 있는 존재로 보고 따로 관리하는 것인데, 문제는 이게 어항이 아니라 어장인 만큼 나만 들어가 있는 것이 아니라는 점이다. 거기에는 마치 보험처럼 또 다른 내가 수없이 존재하며 어장은 어장의 주인이 현재 연애 중이거나 아니거나에 상관없이 늘 존재할 수 있다.

어장 관리를 하게 되는 이유를 한마디로 정의하자면 지금 당장 사귈 정도는 아니지만 향후 아쉬워질 때를 대비하는 것이다. 즉 나는 상대가 지금 당장 사귈 정도로 매력적인 존재는 아니지만 상대가 뭔가 아쉬운 상황이 되거나, 내가 필요해지면 언제든지 등판할 준비가 되어 있는 물고기로 여겨지는 상태인 것이다. 물론 이 모든 것은 나의 동의나 생각과는 전혀 무관하며 순전히 상대의 생각과 판단일 뿐이다.

자, 그렇다면 내가 어장 관리를 당하고 있는지 아닌지는 어떻게 알 수 있을까? 다음 몇 가지 특징에 해당 사항이 있다면 어장 관리를 당하고 있는지 의심해 볼 만하다.

1   말로는 편한 오빠, 누나, 동생, 친구라고 하면서 만나면 마치 연인처럼 굴지만, 절대로 둘 사이를 연애나 연인 같은 명확한 사이로 정의하지 않는다.

2   연락을 못 받는 경우가 잦으며 한참 후에야 회신 전화를 한다.

3   항상 미리 약속하는 일 없이 상대방의 급작스런 요청으로 만남이 이루어진다.

4   내가 만나고 싶을 때가 아니라 상대가 만나자고 할 때만 만나게 된다.

5   연락이 자주 오가지 않고 일단 연락이 오면 거의 만나려고 한다(즉 목적 없이 연락하지 않는다).

6   데이트 비용을 거의 내가 부담한다.

7   상대가 인기 많은 이성이다(늘 약속이 많고 사람들에게서 전화가 자주 온다).

8	나와 만나도 다음 약속이 있거나 만나는 중 급하게 오는 다른 전화를 받고 가 버리는 일이 종종 발생한다.

9	만나도 오랜 시간 함께 있지 않는다.

10	자신의 주변 지인들을 보여 주거나 함께 만나는 일이 거의 없다.

11	핸드폰에 나를 이름으로만 저장해 두거나 동네 이름과 나이 등의 정보가 함께 적혀 있기도 하다.

12	내가 조금 멀어지려고 하거나 관계를 정리하고 싶은 눈치를 보이면 갑자기 살갑게 굴고 연인처럼 행동한다. 하지만 내가 다가가려고 하면 철벽을 친다.

13	SNS를 보면 외출이 잦고 여행도 자주 다니지만 일행이 아닌 본인의 독사진만 올리는 경우가 대부분이다. 특히 동성은 몰라도 함께 있는 이성의 사진은 절대 등장하지 않는다.

14	만나서 어디에 갈지 뭘 할지 함께 결정하는 게 아니라 대개 상대방이 이미 정해서 온다.

15	생일이나 크리스마스, 밸런타인데이 같은 기념일 당일에는 만나 주지 않지만 그 전후로 만나서 시간을 보내거나 선물을 챙긴다.

16	연인이 아닌 사이에 받기에는 다소 과한 금액의 선물도 마다하지 않거나 혹은 요구하는 경우도 있다.

어장 관리를 하는 당사자는 그 안에 있는 사람들에게 절대 '당신은 현재 제 어장 안에 있습니다' 하고 친절하게 설명해 주지 않는다. 되도록 상대가 잘하면 사귈 수도 있는 사이로 착각하게 만들고 언제까지고 그 어장에서 연애할 날만 학수고대하며 기다리도록 만든다. '우리 사귀자'라든가 '너는 나의 연인이다' 같은 책임져야 할 발언은 절대로 하지 않지만 그렇다고 해서 연애 가능성이 없다는 말도 하지 않는다. 나에게 소중한 사람, 중요한 사람, 자꾸 신경이 쓰이는 사람 등 듣기에 따라서는 나를 연애 상대로 지목하고 있다고 착각하기 딱 좋은 말들만 늘어놓는다. 그런 애매한 태도를 취하면서 이쪽에서 행여 다른 사람을 만나려고 하면 서운해하거나 속상해하면서 훼방을 놓는다. 때로는 나가지 말라고 적극적으로 말리기도 한다. 그렇지만 정작 자신이 확실하게 연인의 위치에 있으려고 하지 않는다. 그저 마음에 든다, 매력적이다 등의 말로 계속해서 사람을 붙잡아 둘 뿐이다. 때로는 어장 관리를 하는 사이에서 성관계가 이루어지기도 하지만 그런 관계를 가졌다고 해서 나의 위치나 입장이 연인으로 격상된 것은 절대 아니다. 그저 즐김의 대상이 될 뿐이다.

우리가 어떤 사이이냐, 왜 나와 연애하자는 말을 하지 않느냐고 따져 물으면 상대는 아직 연애할 때가 아니다, 자신은 사람에게 쉽사리 마음을 열지 못한다, 전 연애의 상처가 깊어 상대를 잘 못 믿는다 등등 어떤 핑계든 대면서 천천히 알아 가자고 요구할 것이다.

연애를 해 본 사람들은 다들 알겠지만 누군가를 좋아하는 감정은 상황과 여건을 뛰어넘게 만든다. 아무리 연애할 형편이 아니어도 누군가를 진심으로 좋아하면 그럼에도 불구하고 연애를 하게 된다. 마음을 늦게 여는 타입이랄지 전 연애에 대한 트라우마 같은 건 상대를 그만큼 안 좋아하기 때문에 이유로 내세울 거리가 되는 것이지,

정말 상대에게 반해서 좋아하게 되었다면 얼마든지 극복 가능하거나 시기를 앞당길 수 있는 문제들이다.

당신을 만나 연애를 하지 못하는 이유와 핑계는 수십 가지도 넘겠지만 당신을 만나지 않는 진짜 이유는 딱 하나다. 당신과 연애를 할 정도로 당신을 좋아하지는 않기 때문이다. 그럼에도 당신이 자신을 좋아하거나 최소 호감 정도는 느끼고 있다는 것을 알기에 보험 들듯 어장에 넣고 따로 관리하는 것이다. 굳이 '관리'라 표현하는 이유는 너무 무관심하면 어장 속 물고기는 떠나 버리기 때문이다. 그래서 딱 떠나지 못할 정도로만 당신을 붙잡아 둘 것이다.

당신이 좋아하는 상대가 여러 가지 핑계를 대며 당신과 연애를 못한다고 하면서도 당신과의 끈을 완전히 놓지는 않는다면 그건 바로 당신이 그 사람의 어장에 들어가 있다는 증거이다. 그 안에서 어장 주인이 당신과 연애해 줄 차례를 기다리며 계속해서 가두어 둔 물고기가 될지 어장을 박차고 나올지는 순전히 당신의 선택에 달려 있다.

밀당을 당하고 있는 것인지
확인하는 방법

　연애에 관해 단편적으로 '밀당'만큼 많은 질문을 받는 분야도 없는 것 같다. 밀당이 꼭 필요한지부터 밀당을 하려면 어떻게 해야 하는지까지 참 다양하다. 일단 밀당은 연애가 시작되기 전은 물론이고 연애가 진행되는 중에도 어느 정도는 양념처럼 존재하는 게 사실이다.

　밀당은 말 그대로 상대방을 내 쪽으로 확 끌어당겼다가 상대가 둘의 관계에 조금 안심하게 되면 다시 밀어내어 거리를 두는 것인데 근본적으로는 상대가 불안을 느끼게 하기 위한 것이다.

　그렇다면 연인 사이에 왜 상대에게 '안심'이 아닌 '불안'을 심어 주려고 하는 것일까? 답은 간단하다. 인간은 불안해질수록 상대에게 더 집착하고 매달리기 때문이다. 즉 내가 상대를 사랑하는 것보다 상대가 나를 더 사랑하고 더 매달리게 되었으면 하는 마음에서 밀당을 한다. 밀당은 기본적으로 상대의 페이스를 엉키게 하는 것인데 그렇게 되면 상대는 밀당을 하는 사람의 페이스에 휘말리게 되고 결국 관계의 주도권을 이쪽에서 잡게 된다.

물론 적당한 밀당은 관계에 작은 활력소가 된다. 상대에 대해 너무 안심한 나머지 소홀해지는 것을 방지해 주기도 하고 강한 끌어당김은 관계의 단계를 점프업시켜 주기도 한다. 사실 밀당은 연애의 기술 중에서도 꽤 고급 기술에 속한다. 밀당을 정말 제대로 하려면 상대가 밀당을 당하고 있음을 절대로 눈치채지 못해야 하는데 그게 말처럼 쉬운 일은 아니다. 밀당은 당근과 채찍을 주는 행위라고 보면 가장 이해가 쉬울 것이다.

자신이 밀당을 당하고 있다는 사실에 기분 좋을 사람은 없다. 상대가 인위적으로 나를 당겼다가 밀었다가 하면서 관계의 주도권을 잡겠다는데 누가 좋아하겠는가. 만약 헷갈리게 구는 상대 때문에 내가 혹시 밀당을 당하고 있는지 의심된다면 다음의 몇 가지를 살펴보길 바란다.

1. 밀당은 나의 행동과 밀접한 관계가 있다

밀당은 내 행동과 무관하게 그저 나를 당겼다가 밀었다가 하는 것이 아니다(만약 그렇다면 그건 밀당이 아니라 상대의 성격이나 기분 문제이다). 밀당의 목적 자체가 내 행동과 마음의 변화를 이끌어 내기 위한 것이므로 절대 나와 무관하게 진행되지 않는다.

상대가 밀어내기를 할 때에는 내가 상대와 가까워졌다고 느끼고 있을 때이고, 상대가 나를 당길 때는 내가 상대에게 서운함을 느끼거나 기타 감정들로 인해 마음의 문을 조금 닫으려고 할 때 일어난다. 단 이때는 상대가 밀어냈기 때문에 마음의 문을 닫으려고 할 때에나 해당한다. 그냥 이쪽에서 다른 이유로 소원해졌는데 당기는 것은 매달리는 것에 불과하다.

2. 밀당에는 밀어내기와 당기기가 공존한다

예를 들어 내가 상대와 상당히 가까운 사이가 되었다고 느껴서 안심하고 있을 즈음 상대가 갑자기 선을 긋거나 조금 냉정하고 딱딱한 태도를 취한다고 치자. 만약 상대가 내게 싫증을 느끼거나 내가 싫어졌다면 이 행동과 태도는 별 이변이 없는 한 이후에도 일관되게 유지될 것이다. 하지만 이렇게 나를 밀어내고 난 후 얼마 안 가서 다시 나를 당기는 듯한 친밀한 행동과 달콤한 말들이 덧붙는다면 그건 밀당을 하고 있다는 얘기이다. 즉 나에게 관계에 대한 안심을 주지는 못하지만 그렇다고 해서 영영 내가 멀어지는 것도 원치 않기 때문에 밀어내기 다음에는 당김이, 반대로 당김 다음에는 밀어냄이 따라오게 되어 있다. 즉 상대가 어느 한 태도를 일관성 있게 취하는 게 아니라 둘 사이를 왔다 갔다 한다는 느낌이 들 것이다.

3. 이 관계에 대해 안정감을 느낄 수 없다

밀당을 당하고 있으면 사실 이 부분이 가장 크게 느껴질 것이다. 가깝게 느꼈는데 어느새 멀어져 있고 그 멀어짐 때문에 나 역시 마음이 조금 뜨려고 하면 상대는 다시 나에게 다정한 연인처럼 굴 것이다. 이런 태도로 인해 나는 불안을 느끼거나 상대와의 관계에 도무지 안심할 수 없으며 상대가 나를 좋아한다고 마음속으로 확신하기가 어렵다. 따라서 상대의 눈치를 계속 살피게 되고 어느새 상대가 이 관계의 키를 쥐고 있다는 느낌이 든다.

4. 완전한 포기를 할 수 없게 한다

밀당을 당하다 보면 당연히 이쪽에서는 지치게 된다. 이런 선명하지 않은 관계, 늘 불안한 관계를 그만두고 싶다는 생각을 한다. 그렇지만 마음대로 그만둘 수도 없다. 왜냐하면 이럴 때 상대는 나를 열심히 당기며 갖은 핑계와 이유를 동원하여 그간 자신이 차갑게 군 것은 다 상황 때문이며 내가 오해한 것으로 만들어 버리기 때문이다.

그러면 이쪽에서는 그동안 그 사람의 말과 태도에 서운함을 느낀 것이 나의 오해나 착각이라고 믿게 된다.

앞서 말했듯 연애에서 밀당이 허용되는 정도는 연애를 요리라고 가정했을 때 음식을 조금 더 맛있게 하기 위해 첨가하는 감칠맛 정도이다. 하지만 도를 넘어 나를 불안하게 만들고 이 관계가 함께 이끌어 가는 것이 아니라 철저히 상대의 페이스대로만 유지되고 있다면 당신이 확실한 밀당을 당하고 있다는 얘기이다.

특히 밀당을 하는 사람은 연락이나 만남을 통해 가장 손쉽게 실천한다. 당신이 연락을 해도 일부러 받지 않거나 바쁜 척하고, 만나는 것도 늘 내가 약속을 잡도록 유도한다. 그래서 결과적으로는 나만 열심히 연락하고, 나만 만날 날을 기다리고, 나만 이 관계에 아쉬운 사람인 것처럼 보이게 한다. 이런 상태에서는 어쩌다 상대가 먼저 연락을 하거나 만나자고 하면 내 쪽에서는 그것에 목마른 나머지 무조건 받아들일 확률이 높아진다. 다시 말하지만 밀당의 궁극적인 목적은 이 관계를 상대의 페이스대로, 또 관계의 주도권을 상대가 잡고자 함이다. 만약 상대가 잡히지 않는 신기루처럼 느껴진다면 혹시 밀당을 당하고 있는 것은 아닌지 의심해 보길 바란다. 밀당은 지나치지 않으면 연애에 적당한 양념이 되지만 과하면 안 들어가느니만 못할 수도 있다.

한계를 정해야
건강한 연애를 할 수 있다

만약 어떤 사람이 연인 때문에 5천만 원의 빚을 지고 있다면 당신은 어떤 생각이 들 것 같은가? 혹은 연인이 지속적으로 욕설과 폭력을 휘두르고 있다는 이야기를 듣는다면? 장담하건대 열에 아홉은 그 연애를 당장 그만두라고 하는 동시에 속으로는 이런 연애를 하고 있는 당사자를 매우 한심하게 여길 것이다.

내가 연애 상담을 하면서 느낀 점이 있다면, 매우 안 좋은 연애를 지속하는 사람들이 보통 사람보다 특별히 머리가 나쁘거나 상황 판단력이 떨어지지는 않는다는 사실이다. 다만 그들은 어떤 문제에 대해 정확한 가이드라인과 한계를 정하지 않았고, 그 때문에 처음에는 작은 문제로 출발했던 것들이 시간이 지날수록 점점 더 커졌을 뿐이다. 커다란 둑이 무너질 때도 처음에는 작은 균열에서 시작한다. 연애도 마찬가지이다.

연애를 하면서 가이드라인과 한계를 정해야 하는 일은 수도 없이 많다. 예를 들어 데이트 비용을 생각해 보자. 연인 간에 수입이 거의 동일하다는 가정하에 데이트 비용은 50%씩 부담하는 것이 이상적이다. 이를테면 일종의 한계점을 정하는 것이다. 하지만 이걸 조금씩 허용해서 60%가 되고 70%가 되다 보면 100%까지 가는 것은 솔직히 시간 문제이다. 왜냐하면 연인에게 혹은 연인 사이에서 일어나는 일에 대해 연애가 진행되는 도중에 냉정하기는 매우 어렵기 때문이다. 그래서 아예 누군가와 연애를 시작하기 전에 반드시 어떤 부분에 대해서는 스스로의 한계를 명확하게 정해 놓는 것이 좋다.

다툼에 있어서도 서로의 어떤 모습까지 허용이 가능한지 한계를 정해 놓아야 한다. 그렇지 않으면 단지 화가 많이 났다는 이유로 상대방에게 해서는 안 될 데이트 폭력을 가하는 일까지 생길 수 있다. 데이트 폭력이 남의 일이라고 생각되겠지만 그렇지 않다. 데이트 폭력도 처음에는 아주 작은 것들로 출발한다. 처음부터 법적 처벌을 받을 정도의 강력한 폭력이 일어나는 경우는 매우 드물며 대개는 사소한 일에서 점점 큰 문제로 발전한다. 욕설쯤이야, 내가 화나게 했으니까 나를 밀친 거지 원래는 착한 사람이야, 하면서 봐주다 보면 어느새 심각한 데이트 폭력으로 발전해 있을 수도 있다는 것이다. 만약 처음부터 욕설이나 폭력에 대해 아무것도 허용하지 않겠다고 연인에게 선을 긋고 한계를 정해 놓았다면 이야기는 달라졌을 수도 있다. 물론 데이트 폭력을 가하는 것은 100% 상대방의 잘못이다. 그러나 폭력은 점점 발전하는 특성이 있다는 점을 고려할 때 애초에 아주 작은 폭언과 폭력도 절대 허용하지 않는다는 한계를 정해 놓았으면 좋았겠다는 아쉬움이 있는 건 사실이다. 폭력을 사용한 사람의 잘못이지 나는 그저 운이 없었을 뿐이라고 하기에는 피해자의 피해 정도가 너무나 크다.

연애는 다른 인간관계에 비해 관계의 선이 불분명한 편이다. 따라서 선을 넘어 서로의 영역을 침범하기도 무척 쉬우며 누가 관계의 결정권을 가졌는가에 따라 그 결정권자의 의견대로 연애가 진행되기도 한다. 하지만 여기서 확실히 해야 할 것은 연인과 아무리 친밀하다 한들, 또 내가 그 사람을 아무리 사랑한다 하더라도 그 사람이 곧 나는 아니라는 점이다. 인간에게 변함없는 기준점은 언제나 자기 자신이어야 한다. 따라서 연애의 기준이 상대가 되어서는 안 된다. 내가 좋고 행복한지가 가장 최우선으로 고려해야 할 점이며 설사 연인이 행복해한다고 하더라도 그것 때문에 내가 힘들고 고통스럽다면 그 연애는 바람직한 방향으로 가고 있다고 보기 어렵다.

연인에게 한계를 두어야 하는 또 하나의 이유는 연인이 내게 하는 행동들은 결국 나란 사람을 어떻게 생각하고 있는가의 바로미터이기 때문이다. 당신을 늘 속상하게 하고 눈물 나게 한다면 당신의 연인은 당신을 향해 딱 그 정도의 마음만 갖고 있는 것이다. 그건 상대가 당신을 사랑해서 그러는 것이 아니라 당신을 그렇게 대해도 된다고 판단했기 때문이다. 만약 당신이 불행한 연애, 힘든 연애는 하지 않겠다는 한계를 정해 두었다면 절대로 불행한 연애를 고통스럽게 지속하지 않을 것이다. 그러나 아무런 기준이 없다면 이 힘든 것조차 다 사랑이라고 착각하여 끌어안고 이러지도 저러지도 못한 채 괴로운 나날을 보내게 될 수도 있다.

당신은 나쁜 사람을
만나는 중입니다

연애 상담을 하며 가장 안타까울 때는 그 사람이 과거에 잘해 준 것들을 떠올리며 현재의 그 사람을 견디는 경우이다. 사연을 들어 보면 이미 예전의 다정하고 사려 깊던 사람이 아닌데 사연자의 머릿속에는 아직도 과거 모습이 현재의 그 사람을 대신하고 있다. 지금은 나를 너무 아프고 힘들게 하지만 한때 내게 잘해 주고 내가 힘들 때 옆에 있어 준 걸 잊을 수 없어서 현재의 고통스러운 연애를 이어가는 것이다.

사람은 좀처럼 변하지 않는다고 말하는 이들도 있지만 적어도 연애에 있어서는 절대 그렇지 않다. 사람 그 자체도 변할 수 있고 특히 마음은 훨씬 더 쉽게 변한다. 상대의 과거와 현재가 다른 경우 정확하게는 사람이 변했다기보다 마음이 바뀐 것이다. 이걸 더 깊게 파고 들어가 보면 내가 그리워하는 그 사람의 예전 모습은 한창 사랑의 콩깍지가 씌었던 상태라 어쩌면 그때보다는 현재가 원래의 모습에 더 가까울 수도 있다. 그러나 변하는 것이 호르몬의 변화나 시간의 흐름 등 각종 요인에 의해 어느 정도는 예견된 일이라 하더라도 극단적으로 달라지는 게 당연한 일은 아니다. 과거에 잘해 주고 다정했던 모습을 생각하며 현재의 그 사람을 견뎌야 할 정도로 그가 달라졌다면 결코 좋은 사람이라고 할 수 없다.

좋은 사람은 변화의 폭이 그렇게 크지 않다. 처음 당신에게 보여준 모습이 꽤 많이 남아 있어야 하며 달라지더라도 시간이 지나 서로 익숙해지고 편안해져서 오는 변화여야 한다.

특히 그 사람이 취업이나 이직 등으로 새로운 환경에 놓였을 때 크게 변한다면 좋은 사람이라고 볼 수 없다. 이제껏 상담을 하며 접한 꽤 많은 케이스가 연인이 새로 취업하거나 이직했을 때 변한 경우인데 단순하게 바빠지거나 라이프 스타일이 바뀐 정도가 아니었다. 연인에게 소홀한 정도를 넘어 함부로 대하고 가치관도 바뀌었으며, 무엇보다 현재의 자기 위치라면 더 좋은 사람을 만날 수 있다는 생각이 기저에 깔려 있었다. 생각해 보자. 그 사람이 취업하거나 이직하기 전 상황이 그다지 좋지 않았을 때도 연인은 그를 선택하고 사랑했었다. 하지만 상황이 바뀌자 그가 변하기 시작했다. 즉 과거의 별 볼 일 없는 모습에서 탈피한 현재의 자신은 지금의 연인을 만나기 아깝다고 생각한 것이다. 이런 사람을 좋은 사람이라고 볼 수 있을까? 여태까지 몰랐을 뿐 결코 좋은 사람이 아니다.

좋은 사람은 언제나 앞과 뒤가 같다. 타인과 함께 있을 때는 더없이 다정한 연인이다가 보는 사람이 아무도 없으면 냉랭해지는 사람들이 있다. 이들은 남의 눈은 상당히 신경 쓰지만 정작 자신의 연인은 중요하게 생각하지 않는다. 타인이 있을 때에만 잘해 주는 이유는 당신을 위해서가 아니라 그게 자신의 평판과 관련되어 있기 때문이다. 타인에게 자신은 다정다감하고 좋은 연인이라는 인상을 주기 위해서인데 실제로는 그런 사람이 아니기 때문에 당신과 단둘이 있을 때에는 돌변하는 것이다.

연인은 기본적으로 나에게 잘해야 하겠지만 나한테만 잘하고 타인은 함부로 대하는 사람도 좋은 사람이라고 볼 수 없다. 내 사람, 나와 이해관계가 있는 사람들에게는 잘하지만 그렇지 않은 이들은 막대해도 상관없다고 생각한다면 그건 그 사람의 인성과 관련지어 생각해야 한다. 특히 식당 종업원이나 판매원, 아르바이트생처럼 서비

스를 제공하는 입장이라 상대적으로 을의 처지에 있을 수밖에 없는 사람들에게 함부로 대하는 사람은 결코 좋은 사람이라고 볼 수 없다.

눈치를 많이 보거나 타인을 지나치게 의식하여 앞에서는 친절한 척하지만 돌아서면 그들을 비하하고 비난한다면 역시 좋은 사람이라고 볼 수 없다. 정말 좋은 사람이라서 타인에게 잘해 준 것이 아니라 자신의 이미지 관리를 위해 좋은 사람인 척하는 것뿐이다.

연인 사이에서 가장 피해야 할 나쁜 사람은 바로 상대를 믿고 이야기한 나의 비밀이나 약점을 상황이 바뀌자 무기로 사용하는 부류이다. 흔히 뉴스에서 볼 수 있는, 둘 사이의 은밀한 영상이나 사진을 유포하겠다고 협박하는 사람들이 이에 해당한다. 이들은 관계가 좋을 때에는 더없이 다정한 연인이지만 자신이 원하는 대로 되지 않거나 관계가 틀어지면 사이가 좋았을 때 알게 된 모든 비밀이나 약점을 퍼트리겠다고 협박한다. 따라서 상대방에게 내 약점이 될 만한 이야기를 할 때에는 신중해야 하며 상대가 아무리 원해도 절대 영상을 찍거나 사진을 남기지 않기를 권한다.

좋은 사람은 어떤 상황과 조건 속에서도 크게 변하지 않는다. 조건이 되고 여건이 맞을 때만, 혹은 자기가 그러고 싶을 때만 선택적으로 좋은 사람은 진짜 좋은 사람이라고 볼 수 없다. 당신이 좋은 사람을 만나고 있는지 알고 싶다면 그가 연인뿐 아니라 한 인간으로서도 좋은 사람인지 반드시 체크해 봐야 한다. 나에게는 더없이 좋은 연인이지만 타인에게는 나쁜 사람이라면 그 사람은 나쁜 사람이자 나쁜 연인이다. 반대로 세상 사람들 모두에게 좋은 사람으로 평가받는다 하더라도 나를 대할 때는 나쁜 면모가 보인다면 이 또한 나쁜 사람이고 나쁜 연인이다. 타인에게는 잘하고 나에게 함부로 한다는 것은 남을 대할 때는 눈치를 보지만 자신과 가까운 사람은 편하기 때문에 막 대한다는 증거이다.

좋은 연인이기 이전에 좋은 사람이 되어야 하며, 좋은 사람이 좋은 연인도 될 수 있다. 좋은 사람과 좋은 연인은 어느 한쪽이 다른 쪽의 부족한 부분을 보완할 수 있는 종류의 것이 아니다. 좋은 사람의 범위를 나에게만 잘해 주고 나에게만 다정한 사람으로 국한하지 말아야 한다. 과거에 내게 잘했다는 이유로 현재의 나쁨을 견디지도 말아야 한다. 좋은 사람은 시간과 장소, 여건에 관계없이 좋은 사람이라는 사실을 잊지 말자. 연인이 이런저런 조건에 따라 달라진다면 당신은 좋은 사람을 만나고 있는 것이 아니다.

끝으로 한 가지만 강조하자면, 좋은 사람을 만나기 힘들다면 적어도 나쁜 사람을 만나지 않겠다는 생각 정도는 해야 한다. 좋은 사람의 반대는 나쁜 사람이 아니라 그냥 보통 사람이다.

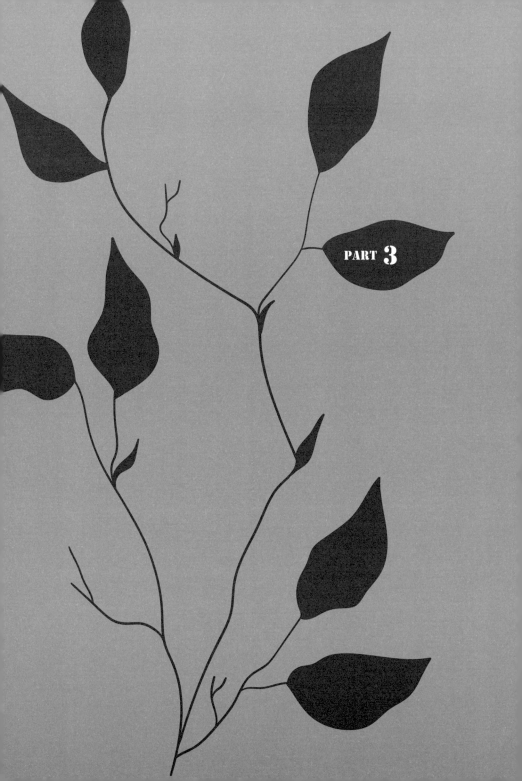

PART **3**

가장 뜨겁고 치열한 연애

사랑과 싸움

한결같은 연애는
절대 없습니다

연애 상담을 하다 보면 꽤 많은 사람들이 연애에 대해 비슷한 문제로 고민한다는 사실을 알게 된다. 예를 들면 남자와 여자 모두 상대에 대한 불만 중에서 술과 친구 문제가 항상 공통적으로 등장한다. 잦은 술자리에 친구들 많고 사람 만나는 걸 좋아하는 것이 처음에는 매력적으로 보일지 모르겠지만 막상 연애가 시작되고 나면 장점보다는 단점으로 부각된다. 잦은 술자리는 비단 건강상의 문제뿐 아니라 나와 보내는 시간이 그만큼 줄어들고, 특히 이성 문제를 일으킬 수 있다는 이유로 연인에게는 대개 부정적인 평가를 받는 요인이 된다.

사실 사랑은 받아도 받아도 좀처럼 충분하다는 생각이 들지 않는다. 오히려 받으면 받을수록 계속해서 더 받고 싶어진다. 당연한 얘기지만 연애 초기에 사랑한다는 말과 표현을 수없이 들었다고 이제 이만큼 들었으니 앞으로는 안 들어도 괜찮겠다는 생각이 들 리 없다. 오히려 처음보다 더 많이 표현해 주기를 바라거나 적어도 처음과 비슷한 정도로 유지되기를 바라게 된다. 비단 말뿐만 아니라 행동도 마찬가지이다. 연애 초기에는 날 보기 위해 아무리 먼 거리에서도 달려오던 연인이 어느새 회사 일과 개인 일정을 이유로 나와의 데이트는 뒤로 미루는 모습에 아무렇지 않을 사람은 아무도 없을 것이다.

특히 남성들은 감정이 급작스럽게 올라갔다가 서서히 내려오는 반면, 여성들은 처음에는 감정이 다소 느리게 진행되다가 일단 한번 올라가고 나면 지속 기간이 긴 편이므로 만남이 지속될수록 연인에게 서운하다고 토로하는 일이 잦아지게 된다. 왜냐하면 여성의 감정이 최고조로 올라가 있을 즈음 남성은 편안하고 안정적인 감정 상태에 이르렀기 때문이다. 그래서 이들은 예전과 같은 지극정성에서 한 발 물러나 있는 경우가 대부분이다.

하지만 이러한 연인의 변화는 감정이 식거나 변했다기보다는 원래로 돌아갔다고 생각하는 것이 맞다. 당신이 인식해야 할 그의 본모습은 연애 시작 전이나 초기가 아닌, 변했다고 생각되고 서운함이 느껴지는 지금 모습에 더 가까운지도 모른다. 더구나 호르몬 변화 때문에라도 인간이 연애를 하며 한결같은 감정 상태를 유지하는 것은 매우 힘들다.

호르몬에 대한 이야기를 좀 더 해 보자면 임상적으로 볼 때 대략 사귄 지 3개월까지는 거의 정신을 못 차릴 정도의 상태가 된다. 사람을 내가 이렇게 좋아할 수 있을까 싶고 그런 사람과 사귀고 있다는 사실이 믿을 수 없을 정도로 황홀하다. 하루 종일 그 사람 생각뿐이고 시도 때도 없이 상대가 떠오른다. 단정적으로 3개월까지라고 말할 수는 없겠지만 이런 감정은 대략 연애 시작 후 3개월을 기점으로 점차 평온한 상태로 접어들게 된다.

1차 위기는 연애 6개월 차에 접어들 즈음 찾아온다. 6개월 정도 되면 연애는 초기 단계를 벗어났을 때인데 이때는 서로에 대해 아는 것이 꽤 많아진다. 이 사랑이 믿어지지 않을 정도로 황홀했던 기분에서는 조금 벗어나 있으며 상대에 대해 내 연인, 내 사람이라는 확신도 점점 자리 잡기 시작한다. 이 시기에는 친밀감도 그만큼 올라가며 친밀한 동시에 서로가 편하게 느껴지기도 한다. 하지만 편하다는 것은 곧 익숙해졌다는 이야기이고, 익숙하다는 것은 새로운 자극이 없는 한 이전처럼 달뜨고 흥분하게 되지는 않음을 뜻한다. 그래서 좀 예민한 사람들은 이때 상대방이 나에 대해 너무 편안하게 생각하고 당연시하는 것은 아닌지 조금씩 걱정하게 된다. 게다가 처음에는 상대방과의 연애가 무조건 1순위였던 반면에 이제는 일과 기타 다른 것들이 연애보다 조금 더 중요해지기도 한다. 정확하게 말하자면 중요해졌다기보다는 그동안 연애하느라 등한시했던 것들을 조금씩 다시 챙기기 시작해야 하는 때가 온 것이다. 하지만 이때 상대방은 이전과 달라졌다고 느끼게 되고, 서서히 의견 대립이 일어나기 시작해서 싸움도 잦아지게 된다.

이 1차 위기를 그럭저럭 무사히 넘기면 향후 6개월 정도는 또다시 문제없이 흘러간다. 그러다가 1년 6개월 즈음 호르몬이 확실히 줄어드는 시기에 접어들면 약한 권태기가 찾아온다. 권태기의 내용을 전부 나열하지는 않겠지만 대략 1차 위기에서 겪었던 것들의 강도가 조금 더 세어지거나 혹은 새로운 불만과 문제가 쏟아지기도 한다. 특히 이전에는 몰랐던 연인의 치명적인 단점들도 알게 되며 그 단점이 좀처럼 고쳐지지 않을 것이라는 사실도 깨닫게 된다. 둘 사이에 고질적이라 부를 만한 문제도 생기고 그 문제로 인해 다투는 일이 점점 잦아진다. 이때 연인들은 이별을 고민하기도 한다. 내 감정도 예전 같지 않을뿐더러 무엇보다 상대도 내가 처음에 반해서 연애를 시작했던 그 사람이 맞나 싶을 정도로 달라져 있기 때문이다. 이때 크게 다투게 된다면 헤어지게 될 확률이 그전보다는 현저하게 올

라간다.

 마의 1년 6개월 시기를 무사히 잘 보냈다면 이후로는 다소 긴 평화가 찾아온다. 이제 단순히 서로에 대해 알 만큼 안다고 느끼는 것이 아니라 진짜로 알게 되는 시기이기 때문에 무얼 건드리면 안 되는지 어떤 것에 민감한지를 제대로 파악하고 있다. 서로 건드리지 말아야 할 부분을 알아서 피해 가게 되며 연애와 일과 기타 개인 사생활을 함께 끌고 가는 요령도 생긴다. 데이트도 이제는 새로운 것들을 시도하고 찾아 나서기보다는 두 사람에게 가장 최적화되어 있으며 가장 편안한 형태가 자리 잡게 된다. 서로에게 신뢰감이 형성되고 믿을 만한 내 사람이라는 생각이 확실하게 든다.
 그렇지만 이 익숙함을 권태기로 잘못 인식하는 실수를 저지를 수도 있는 시기이고, 이때부터는 다른 이성들이 눈에 보이기 시작하기도 한다. 다른 이성이 눈에 보이기 시작한 만큼 새로운 이성이 나에게 적극적으로 호감을 표시하며 익숙한 내 연인과는 또 다른 신선함과 새로움으로 나를 설레게 한다면 소위 바람을 피우거나 연인과 헤어지는 일이 발생할 수도 있다. 이제까지 권태기를 느끼지 않았던 커플도 이때부터는 어느 한쪽에게 권태기가 찾아올 가능성이 있다. 상대가 너무 익숙하고 상대와 하는 것들도 익숙해서 이 모든 것들이 다 편안한 동시에 그 반복성 때문에 조금은 지루하고 심심하게 느껴진다. 그러다 보니 감정적으로 심한 매너리즘에 빠져서 '굳이 이 연애를 계속해야 하나? 이 연애가 없어도 나는 괜찮지 않을까?' 하는 생각이 드는 시기라고 볼 수 있다. 권태기에 접어들면 상대가 모르려야 모를 수 없을 정도로 권태기를 느끼는 사람의 행동이 확실하게 변화한다.

상대의 이야기를 잘 들어 주지 않는 사소한 문제에서부터 출발해서 내뱉는 말마다 불평불만이거나 부정적인 이야기뿐이고 다른 이들과 비교하기도 한다. 데이트도 무언가 조금이라도 애를 써야 하거나 노력해야 하면 귀찮다는 이유로 꺼리며, 데이트 횟수가 확실히 이전보다 줄어들고 전화나 문자의 빈도가 예전의 절반 이하로 떨어지기도 한다.

사실상 이 권태기야말로 지난 1차, 2차 위기보다 훨씬 심각하다. 아마 오래된 연인의 대다수가 이 시기를 제대로 버티지 못하고 헤어져서 각자의 길을 가게 될 것이다. 하지만 이럴 때 설렘이 줄어들고 익숙하다 못해 지루하기까지 한 모든 것에 부정적인 측면만 있는 것인가를 고려해 보아야 한다. 이 시기에 특별히 연인이 엄청나게 좋을 것도 없지만 특별히 불편한 것도 없다면 그 상대는 당신과 잘 맞는 사람이다. 이때는 좋아하거나 설레는 감정보다는 좀 더 묵직한 사랑과 믿음이 자리 잡을 수 있는 시기이며 소위 말하는 정으로 서로를 아끼고 챙겨 줄 수 있는 시기이다. 이전에는 이 연애를 유지하고 이 사람을 옆에 잡아 두어야겠다는 생각에 잘해 줬다면 이때는 그런 목적보다 그저 내 옆에 오래 함께 있어 준 이 사람이 고마워서 잘해 주는 것에 더 가깝다.

연애는 사랑으로만 유지되고 지속되는 것이 아니다. 사랑은 끝나기도 하고 변하기도 하며 줄어들기도 한다. 하지만 정이라고 부르는 감정은 한번 형성되면 그리 쉽게 변하거나 사라지지 않는다. 설사 이별에 이르더라도 서로의 마음속에 오래도록 남을 감정이다. 3년이 지난 커플은 5년도 10년도 갈 수 있는 정말 탄탄한 사이가 되는데, 사랑하는 연인에서 조금 더 확장되어 내 인생의 반려자이자 동반자라고 부를 수 있는 진지한 사이가 됨을 의미한다.

지금까지 연인이 왜 한결같을 수 없는지, 연애가 왜 처음과 똑같이 흘러가지 않는지에 대해 각종 원인을 살펴보고 특히 호르몬 변화와 관련지어 시기별로 분석해 보았다. 지금 당신의 연애가 어디 즈음에 있는지 체크해 보는 동시에 해야 할 것과 하지 말아야 할 것, 특히 오해하거나 곡해하지 말아야 할 부분이 무엇인지 잘 찾아보길 바란다. 누구나 연애를 시작할 때 내내 즐겁기만 한 초반 몇 개월까지만 지속하다가 끝낼 거라고 생각하지 않는다. 연애를 시작하고 상대가 나와 잘 맞는 괜찮은 사람이라면 오랫동안 관계가 지속되기를 바란다. 그러나 관계의 지속은 어느 한쪽의 일방적인 노력으로 유지되는 것이 아니다. 서로 노력해야 하며 받는 사랑만큼 주는 사랑도 의미 있음을 깨달아야 한다. 나는 당신의 사랑을 비롯하여 우리 모두의 사랑이 오래오래 행복하게 잘 흘러갔으면 좋겠다.

판도라의 상자 속에는
희망이 없다

판도라의 상자가 무엇인지 아마 다들 잘 알 것이다. 그리고 판도라의 상자란 일단 한번 열고 나면 다시는 이전으로 돌이킬 수 없다는 사실도 말이다.

연애에서도 판도라의 상자는 존재한다. 그 상자는 바로 연인의 핸드폰과 SNS 같은 것들이다. 물론 SNS의 경우 공개된 영역을 보는 것은 상대가 이미 허락한 부분이므로 아무 상관 없다. 하지만 비밀번호를 알아내서 상대의 핸드폰을 뒤지는 것은 얘기가 다르다. 단순히 내 연인의 핸드폰을 좀 본 것뿐이라 생각할 수도 있겠지만 추후 사실관계에 따라 법을 위반하는 일이 될 수도 있다. 하지만 연인 사이에서 이러한 일을 위법 행위라고 자각하는 사람은 거의 없다. 그저 연인이 알면 화내겠지만 들키지 않는다면 괜찮지 않을까 정도의 의미로 생각하기 쉽다. 그러나 이건 모두 개인 정보에 관한 법률에 저촉될 수도 있는 이야기들이다. 그러므로 일단 이러한 행위가 도의상으로든 법적으로든 하지 않는 게 맞다는 자각부터 필요하다.

연애 상담을 하다가 보면 꽤 많은 연인들이 서로의 핸드폰과 이메일 그리고 SNS를 몰래 들여다보고 그 안의 내용 때문에 고민한다는 사실을 알 수 있다. 이때 핸드폰을 뒤진 사람의 태도는 크게 두 가지로 나뉘게 된다. 첫째, 나온 내용이 무엇이든 내가 핸드폰을 몰래 봤다는 사실 때문에 상대에게 아무 말도 하지 못하고 혼자 끙끙 앓는다. 둘째, 몰래 핸드폰을 뒤졌다는 사실을 밝히고서라도 그 안의 내용을 따져 묻는다(단, 두 경우 모두 핸드폰에 내가 알아서는 곤란한 사실이 존재한다는 상황을 전제로 한다).

첫 번째 경우는 끊임없이 혼자 속앓이를 하며 괴로워하고 두 번째 경우는 핸드폰에서 나온 내용은 온데간데없이 오히려 핸드폰을 뒤진 것에 대해 상대가 화를 내며 적반하장으로 나올 수도 있다. 그러나 어쨌거나 공통점은 한번 핸드폰을 뒤진 사람들은 상대를 믿지 못하고 결국에는 또다시 핸드폰을 뒤지게 된다는 것이다. 상대의 핸드폰을 몰래 뒤져 그 안의 내용들을 확인해야만 안심이 되는 연애를 하는 당사자는 절대 행복할 리가 없다. 연애란 행복하자고 하는 건데 이 경우는 연애를 하면 할수록 괴로워진다.

나는 당신이 그 상자를 열지 말지를 결정하기 이전에 한 가지 묻고 싶다. 과연 연인 관계에서 프라이버시는 어디까지 지켜져야 하는 것인지, 그리고 연인 사이에는 정말로 아무런 비밀이 존재하지 않아야 하는지를 말이다(물론 당신 또한 당신의 모든 것이 연인에게 오픈되는 것에 동의하는지도 포함된다).

연인 사이라고 하면 두 사람의 관계와 무관한 일이어도 서로 아무런 비밀 없이 상대의 모든 것을 알아야 한다고 착각하는 사람들이 꽤 많다. 심지어 연인들끼리는 비밀이 없는 정도를 넘어서 비밀을 공유하기도 한다. 핸드폰 비밀번호부터 심하게는 서로의 이메일 비밀번호까지 다 알거나 알려 주는 경우도 꽤 많이 봤다. 이렇게 서로 비밀번호까지 공유하는 관계가 되었으니 서로 깊이 신뢰하고 믿음이 있다고 착각해서는 안 된다. 그건 필요 이상의 간섭이며 공유이기 때문이다. 사이가 좋을 때야 이들이 서로의 비밀번호를 안다는 게 큰 문제가 되지 않을 수도 있다. 하지만 도중에 사이가 나빠지거나 헤어진다고 생각해 보자. 서로에게 상대방의 비밀이 담긴 판도라의 상자 열쇠가 쥐어진 셈인데 어느 한쪽이라도 나쁜 마음을 먹는다면 상대는 큰 곤란에 처할 수도 있게 된다.

연인이 핸드폰 비밀번호를 알려주지 않거나 핸드폰을 열어서 보여 달라고 했을 때 이에 바로 응하지 않거나 SNS를 공유하지 않으면 무언가 켕기거나 숨기는 구석이 있다고 생각하는 이들이 있다. 핸드폰 속 문자나 통화 내역을 공개하지 않는 것을 보니 다른 이성을 만나는 게 틀림없다고 의심하는 것이다. 물론 연애 중에 상대 이외의 다른 대상과 사귀면 안 되는 것은 당연한 사실이다. 하지만 당연한 것과 이 당연함을 증명하기 위해 자신의 사생활 전부를 오픈하는 것은 엄연히 다른 이야기다.

상대가 핸드폰 통화 내역이나 문자 내용, 이메일 등을 보여 주어야 다른 이성에게 눈을 돌리지 않았다고 믿을 수 있다면 묻고 싶다. 그렇게까지 상대에 대한 믿음이 없는데 어째서 연인 관계를 유지하려는지를 말이다.

연인의 핸드폰을 뒤져 본 사람들은 하나같이 똑같은 말을 한다. 이전에도 이성 문제를 일으켰기 때문에 내가 이렇게밖에 할 수 없는 것이라고. 어떻게 들으면 일견 정당해 보인다.

이성 문제를 일으킨 전적이 있기에 예방 차원에서라도 핸드폰을 뒤져 볼 수밖에 없다는 이가 안되어 보이기까지 한다. 그러나 냉정하게 생각해 보자. 실수한 것은 한 것이고, 그것으로 인해 타인의 허락 없이 개인 사생활을 뒤지는 것은 별개의 문제이다. 어떻게 보면 가장 기본적인 인권에 관한 문제이고 이런 기본조차 지켜지지 않는 관계란 우리가 생각하는 행복한 연애에서 이미 한참 멀어져 버렸는지도 모른다.

연애에서 기본이 무너지기 시작하면 그 위에 아무것도 더 세울 수 없다. 기본을 무시하고 지키지 않는데 그 위에 믿음, 신뢰, 사랑 같은 것이 쌓이는 게 가능한 일이라고 생각하는가? 그리고 당신이 설사 연인의 사생활을 샅샅이 다 뒤진다 해도 상대가 숨기고자 마음먹는 다면 얼마든지 숨길 수 있다. 기록을 미리 다 지울 수도 있고 꼭 필요한 기록은 당신이 모르는 다른 곳에 저장해 둘 수도 있다. 그럼 그때는 어떻게 하겠는가? 그 사람의 집이며 회사까지 다 뒤질 것인가?

당신이 연인의 사생활을 뒤진다면 상대는 당신이 뒤지지 못할 새로운 곳을 얼마든지 찾아낼 수 있다. 끊임없이 뒤지고 숨기고 찾아내고 또 숨기고 뒤지는 과정을 반복하는 동안 당신과 당신의 연인 사이는 과연 어떻게 변할지 한번 상상해 보길 바란다. 그게 정상적으로 연애를 하고 있는 관계인지, 서로를 사랑하고 신뢰한다고 말할 수 있는지를 말이다.

지금 당신이 연인을 믿지 못하고 핸드폰을 여는 이유를 한번 생각해 보길 바란다. 그렇게 핸드폰을 뒤져서 당신의 연인이 당신과 함께 있지 않을 때 무엇을 하는지 알아야만 상대를 믿을 수 있다면 그 관계는 정상적일까? 연인의 말은 믿지도 못하면서 대체 왜 그렇게까지 미덥지 못한 사람과 연애를 하는가?

신화 속 판도라의 상자에서는 마지막에 희망이 나왔지만 적어도 연애에 관한 한 판도라의 상자 속에 희망은 없다. 그 속에는 어두운 불신과 끊임없는 의심만 존재할 뿐이다.

싸움을 극복하는
현명한 자세

가끔 TV를 보다가 보면 연인들이 등장해서 '우리는 한 번도 싸운 적이 없어요'라고 말할 때가 있다. 그 말을 들을 때면 언제나 같은 생각을 한다. 정말로 한 번도 싸운 적이 없을까? 혹시 언성을 높이고 물건을 집어 던지는 등 제3자가 봐도 확실하게 싸움으로 인지할 만한 경우만 기준으로 삼는 건 아닐까?

통상 싸움이라고 지칭하기는 하지만 대개 연인과의 싸움은 다툼이라고 표현하는 것이 맞을 것이며 편의상 이 책에서는 각종 의견 대립이나 삐지고 화내는, 사소하지만 부정적인 모든 것을 싸움 안에 포함하기로 한다.

이렇게 범위를 넓힌다면 사실 연인이 단 한 번도 싸우지 않고 연애하기란 거의 불가능하며 이게 가능하려면 어느 한쪽은 완벽한 갑, 나머지 한쪽은 완벽한 을이 되어야만 한다. 하지만 이런 관계를 정상적인 연인 관계나 연애로 볼 수는 없을 것이다.

연인이 싸우는 이유는 수백 가지도 넘는다. 생각해 보라. 연애를 하기 전까지 우리는 상대와 전혀 다른 환경에서 다른 방식으로 살아왔다. 서로를 좋아하고 몇 가지 공통점이나 닮은 점을 찾아내어 '우린 정말 잘 맞는 사람들인가 봐' 하며 시작했다 하더라도 근본적으로 두 사람은 완전히 다르다. 생각해 보면 같은 환경에서 같은 부모 아래 자란 형제끼리도 싸울 일이 수도 없이 많은데 전혀 다른 두 사람이 어떤 일에서건 완벽한 의견 일치를 본다는 것은 불가능한 일이다. 똑같은 일이라도 사람에 따라 해석이 다르고 대처법이 다르다. 더구나 연인은 감정적으로 매우 밀착된 관계이므로 타인에게는 그냥 넘어갈 수 있는 일도 연인 사이에서는 싸울 일이 되기도 한다.

그렇다면 우리는 연인과 거의 필수 불가결하게 다툴 수밖에는 없는데 이 다툼을 어떻게 하면 좀 더 현명하게 잘 해낼 수 있을까?

싸움에 있어 중요한 것은 얼마나 안 싸우느냐가 아니다. 싸움의 횟수가 적다고 연인과의 친밀도와 관계의 완성도가 높음을 의미하지는 않는다. 물론 많이 싸우는 것보다 적게 싸우는 편이 좋기는 하겠지만, 어쩔 수 없이 싸울 일이 생긴다면 어떻게 잘 싸우느냐가 더 중요하다. 싸우되 싸움의 과정이 건강해야 하며 싸운 이후에도 봉합을 잘 해야 한다.

상대와 싸우게 된다면 첫째, 예방할 수 있다면 최대한 싸움을 예방해야 한다. 불만이 되었든 서운한 일이 되었든 뭔가 상대에 대해 마음에 걸리는 것이 있다면 모아 두지 말고 그때그때 좋은 말로 상대에게 전달해야 한다. 연락 문제처럼 서로가 기준이 다를 수밖에 없는 일은 미리 합의를 해 두는 것도 좋은 방법이다.

둘째, 일단 한번 도마 위에 오른 주제는 다시 올리지 않는 것이 좋다. 말하자면 늘 같은 문제로 싸우지는 말라는 이야기다. 특히나 현재 전혀 다른 문제로 싸우는데 이전의 싸움까지 끌고 와서 보태어 싸우지 말아야 한다. 한 번 싸운 일은 그때로 끝을 내야 한다. 이렇게 되려면 싸울 때 그 문제로 다시 다투지 않도록 확실한 결론을 내려야 함은 물론이다. 미적지근하게 결론을 내리거나 충분히 합의하지 못하면 같은 문제로 끊임없이 되풀이해서 싸우거나 전혀 다른 싸움에 이전의 일까지 보태어 더 크게 싸우게 된다.

셋째, 아무리 화가 나도 평소에 하지 않는 말이나 쓰지 않는 단어는 입 밖에 내지 말아야 한다. 내가 무엇 때문에 화가 났는지가 중요하지, 자신이 얼마나 화가 났는지를 표현하는 일은 중요하지 않다. 사람은 때로 자신이 얼마나 화가 났는지에 대해 설명보다는 과격한 단어나 목소리 톤으로 표현하기도 한다. 하지만 이렇게 되면 처음에는 문제가 있어서 싸우다가 나중에는 서로의 말투나 단어 선택 등 싸움의 과정에서 생겨난 부산물 때문에 서로 상처를 입고 그 문제로 다투게 되기도 한다.

넷째, 상대가 하지 않은 말과 상황을 이쪽에서 상상해서 마치 기존 사실처럼 못 박아서는 절대 안 된다. 싸울 때는 딱 상대가 한 말과 행동만 가지고 불만을 표시해야지 상대의 마음이나 생각까지 추측해서 싸우면 안 된다. 서로의 보이지 않는 마음속 감정과 진행 과정까지 추측해서 싸우기 시작하면 싸움이 끝나지 않는다.

다섯째, 모든 싸움에는 대안과 해결책이 존재해야 한다. 상대가 생각하기에 자신이 뭘 해야 할지 모르는 싸움은 싸움이라기보다는 그저 일방적인 비난이나 공격으로 들릴 확률이 높다. 또 대안을 제시할 때는 반드시 현실성이 있는 동시에 충분히 지킬 수 있는 것이어야 한다. 막연하지 않고 구체적일수록 좋은데, 예를 들어 연락 문제로 다툰다면 나에게 자주 연락하라고 할 것이 아니라 하루에 몇 번으로 지정해 주는 편이 상대가 지키기 훨씬 수월하다.

세상에 싸우지 않는 연인은 없다. 하지만 싸운다고 해서 다 나쁘고 다 잘못되는 것은 아니다. 잘 싸우는 과정을 통해서 상대를 더 알아갈 수 있고 그 싸움으로 인해 내가 상대에게 무엇을 하고 하지 말아야 할지를 명확하게 알 수 있다. 싸움은 어쩌면 서로를 조금 과격한 방법으로 알아가는 과정인지도 모른다. 물론 싸우지 않으면 가장 좋겠지만 피할 수 없는 싸움이라면 제대로 잘 싸워야 한다. 그 싸움 역시 연애의 일부이자 과정이기 때문이다.

연인과
대화하는 방법

연인 사이에서 뭐가 제일 중요하냐고 묻는다면 나는 첫째도 대화, 둘째도 대화라고 이야기하겠다. 성격을 비롯하여 취미와 취향, 하다 못해 궁합까지 완벽한 커플이어도 대화가 잘 안 통한다면 그 커플은 얼마 못 가거나 혹은 길게 가더라도 서로 공감하고 이해하는 깊은 사이는 될 수 없을 것이다.

심리학에 조금 관심이 있는 사람들은 다 알겠지만 남자와 여자의 뇌는 다르다. 이건 그냥 우스갯소리로 하는 말이 아니라 실제 물리적으로도 다르다. 두 성별이 주로 사용하는 영역이 다르며 성별에 따라 더 발달한 부분과 덜 발달한 부분이 있다. 심지어 동일한 일을 처리할 때 활성화되는 곳이 제각각이기도 하다. 그렇기 때문에 남녀가 각자의 뇌를 활성화시켜 만든 언어 또한 당연히 다르다고 보는 게 맞다. 개인차에 따른 어휘 활용도나 지식의 정도, 문장 구사력을 제외하더라도 단지 남자와 여자의 차이점 때문에 아예 다른 언어로 말하는 것마냥 의사소통이 잘되지 않을 때가 있다.

남자의 말과
여자의 말의 차이

먼저 여자의 언어를 살펴보자면 여자는 에둘러 말하는 것에 익숙한 존재이다. 무언가를 직접적이고 직설적으로 표현하기보다는 최대한 두르고 둘러 뜻하는 바에 닿도록 한다. 또한 자신의 의중을 상대가 읽느냐 읽지 못하느냐에 따라 전혀 다른 이야기로 들릴 수 있도록 여러 가지 장치를 두기도 한다. 즉, 표면적인 뜻과 숨은 속뜻이 따로 있으며 아무 의미 없이 내뱉는 말 같은 건 없다. 그래서 여자의 언어는 같은 여자가 해석하기에도 상당한 어려움이 있다. 여자의 언어는 그 말 자체뿐 아니라 전후 상황 모두를 전방위로 파악해야 해석이 가능하다. 해당 시점에 필요한 말만 한다기보다는 앞뒤로 골고루 활용 가능한 말을 하며, 소설로 치자면 곳곳에 복선이 깔려 있고 영화로 치자면 미장센이 많은 부분을 대신하기도 한다.

반면 남자의 언어는 직관적이고 직설적이다. 그들의 언어는 따로 해석할 필요 없이 그냥 액면 그대로 받아들이면 맞을 때가 훨씬 더 많다. 물론 사람에 따라 조금씩 다르기는 하겠지만 여자와 비교할 때 남자의 언어는 확실히 해석이 더 쉬워서 액면 그대로 해석한다면 별 무리가 없을 것이다. 남자의 말에는 숨은 속뜻이 따로 없는 경우가 많으며 굳이 이전 혹은 이후 상황을 끌어들이지 않고 그 순간으로 해석하는 것이 맞다.

예를 들어 여자와 남자가 각자의 연인에게 똑같이 바쁘다는 말을 했다고 가정하자. 남자의 말을 해석할 때는 말 그대로 바빠서 바쁘다고 한 것으로 받아들이고 끝내야 한다. 바쁘니까 뭘 어쩌라든가 혹은 내가 어쩌겠다는 말은 여기에 포함되지 않는다. 그저 바쁜 것에 대한 일종의 보고나 알림 같은 것으로 생각하면 된다.

하지만 여자가 바쁘다고 했을 때에는 실제로 바쁜 경우와 그렇지 않은 경우로 나뉘며, 실제로는 바쁘지 않은데 저렇게 말했을 경우에는 전후 사정을 잘 따져서 혹시 여자가 나에게 서운하거나 속상한 일은 없었는지 살펴봐야 한다. 여자가 실제로 바쁜 경우, 바쁠 테니 더 이상 말 걸지 않고 '응' 정도의 단답형으로 대답했다가는 낭패를 보게 된다. 바쁜 여자 친구에게 여러 가지 안부형 질문(바쁜데 밥은 먹었는지, 언제 바쁜 일이 끝나는지, 내가 따로 도울 일은 없는지)을 해주는 것이 모범 답안이다.

고민을 대하는
남녀의 차이

두 사람의 언어가 다른 만큼 동일한 상황이라도 원하는 것이 다 다르다. 남자가 문제나 고민을 이야기할 때는 그 문제를 해결할 수 있는 정답을 알고 싶기 때문이다. 반면 여자가 문제를 이야기할 때에는 문제의 직접적인 해결책보다는 공감이나 이해, 위로 등 자신의 감정 상태에 대해 도움을 얻고 싶어서인 경우가 거의 대부분이다.

예를 들어 남자가 직장 상사와의 트러블에 대해 이야기했다면 그 상사와 잘 지낼 수 있는 실질적인 팁 등을 주면 된다. 하지만 여자가 오늘 직장 상사와 있었던 트러블을 이야기하는 이유는 앞으로 어떻게 하면 그 상사와 잘 지낼 수 있을지에 대한 답을 얻기 위해서가 아니다. 그 상사 때문에 자신이 얼마나 힘든지 헤아려 주고 힘든 일을 겪어 낸 하루에 대한 위로를 얻기 위해서이다. 여기에서 중요한 것은 그 직장 상사와의 향후 관계가 아니라 지금 너무나 힘들다는 나의 감정이다. 즉 남자는 미래를 위해 고민을 이야기한다면 여자는 현재를 위해 고민을 이야기한다.

말보다는
어려운 글

요즘은 대부분의 사람들이 문자로 의사소통을 한다. 편리하기는 하지만 아무래도 말이 아닌 글이다 보니 오해의 소지가 더 크다는 문제가 있다. 물론 기분이나 상태를 보다 직관적으로 파악할 수 있는 특수문자나 이모티콘을 붙이기도 하지만 어디까지나 보조적인 수단일 뿐이다. 이를테면 단어 끝에 쓰는 'ㅋ'은 그냥 웃음일 수도 있지만 때에 따라서는 비웃음일 수도 있고 아무 의미 없이 습관적으로 쓰는 경우도 있다.

문자를 보낼 때는 맞춤법과 띄어쓰기에 주의해야 한다. 설문 조사를 해 보면 대다수가 맞춤법과 띄어쓰기가 엉망이거나 신조어를 남발하는 상대에 대해 매우 낮게 평가했다. 만약 당신이 맞춤법과 띄어쓰기에 자신이 없다면 문자를 보내기 전에 반드시 체크해야 하고 혹시 문자가 불편하다면 차라리 통화가 더 나을 수 있다.

글의 습관 또한 중요하다. 얼마 전 내가 소위 썸을 탔던 남자가 툭 하면 '좀'을 '쩜'으로 말하는 통에 정나미가 뚝 떨어졌던 기억이 있다. '쩜 바쁘네요, 쩜 심심하네요, 쩜 주무셨나요?' 등등 다른 단어는 안 그러는데 유독 '좀'이라는 단어만 '쩜'으로 쓰는 것이 너무 신경이 쓰여서 상대가 좀이란 말을 쓰지 않았으면 싶을 지경이었다. 물론 이건 아주 사소한 경우에 해당하며 이보다 심한 맞춤법 파괴는 수도 없이 많다. 이건 남자의 언어와 여자의 언어를 떠나 두 성별 모두가 유의해야 할 점이다. 상대가 맞춤법과 띄어쓰기를 정확하게 구사하고 있다면 저렇게 틀린 표현을 거리낌 없이 사용하는 글 버릇은 되도록 보이지 않는 것이 좋다. 마찬가지 의미에서 띄어쓰기를 전혀 하지 않은 문장을 싫어하는 사람도 꽤 많다. 그러니 상대의 성향을 다 파악하기 전에는 정확한 단어와 말을 구사하는 것이 가장 좋은 방법이다.

연인과
대화하는 방법

연인과 대화할 때 알아 두어야 할 팁 몇 가지를 알려 주자면, 상대의 말을 중간에 자르고 내 얘기를 하지 말아야 하며 너무 내 위주로 나의 관심사만 이야기하기보다는 상대와 함께 나눌 수 있는 대화를 해야 한다(기본적인 대화 매너와 크게 다르지 않다). 특히 대화 도중 아는 분야가 등장했다고 해서 마치 상대에게 강의라도 하듯 자신이 아는 걸 길게 설명해서는 곤란하다. 모르는 얘기가 나오면 입을 다물고 있다가 아는 게 나왔을 때만 아는 척하느라 정신 없어 보이기 십상이기 때문이다. 그리고 모르는 건 모른다고 솔직히 말하는 게 낫다. 괜히 어설프게 아는 척을 해 봐야 상대에게 금방 들키게 되며 모른다고 솔직하게 말하는 것보다 더 나쁜 선택이 될 수 있다.

상대가 무슨 이야기를 하든지 경청하는 자세야말로 연인 관계에 매우 필요한 덕목 중 하나이다. 대화는 말을 잘하는 것보다 잘 들어주는 것이 더 중요하다.

상대방이 농담을 했을 때 별로 웃기지 않더라도 대놓고 '재미없다, 언제 적 이야기냐, 꼰대 같다' 등의 핀잔을 주며 상대의 기분을 상하게 하는 일도 피해야 한다. 농담을 하기 전에 이 농담이 과연 상대에게도 농담으로 전달될 것인지를 생각해야 함은 물론이다.

연애 시점에 따라 대화의 목적도 방법도 다 달라지겠지만 연애 초기에는 내가 말을 많이 하기보다는 상대가 많이 하도록 배려하고(내가 상대보다 많은 정보를 얻어 상대를 빨리 파악하는 게 좋다), 연애 중

반기에 접어들면 상대가 편해진 나머지 말을 함부로 하지 않는지 잘 살펴보아야 한다. 남녀를 막론하고 말을 험하게 하는 사람을 좋아하는 이는 아무도 없다. 그러니 비속어나 욕설은 되도록 쓰지 않고 대화하는 것이 바람직하며 같은 의미라면 순화된 표현을 쓰는 것이 좋다.

남자와 여자의 언어가 다르다고 해서 크게 걱정할 필요는 없다. 어떻게 보면 가장 기본적인 대화 예절만 잘 지켜도 크게 실패할 확률은 확연히 줄어들기 때문이다. 여기에 남자와 여자의 특성에 대해 조금만 관심을 가지고 기본 지식을 쌓은 다음 대화를 한다면 더욱 좋을 것이다.

자존감과
연애의 상관관계

　자존감이 연애에 지대한 영향을 미친다는 이야기를 한 번 정도는 들어 봤을 것이다. 인터넷에 검색만 해 봐도 자존감이 낮은 사람의 연애에 대해 많은 글을 찾아볼 수 있으며 수많은 연애 상담 관련 종사자들이 자존감 낮은 연애는 하지 말라고 경고한다.

　그런데 막상 사람들과 상담을 해 보면 자존감을 자존심 내지는 자신감과 조금 혼동하는 부분들이 있어서 이 기회에 자존감이 무엇인지부터 확실히 짚고 넘어갈 필요가 있을 것 같다.

　먼저 자존감이란 자아 존중감(self-esteem)이라고도 하는데 자신이 사랑받을 가치가 있는 소중한 존재이자 어떠한 성과를 이룰 수 있는 유능한 사람이라고 믿는 마음이다. 자신에 대한 존엄성이 타인이나 외적인 인정과 칭찬에 기인한 것이 아니라 자기 내부의 성숙한 사고와 가치에 의해 얻어지는 개인의식이다. 자존감이 높은 사람은 정체성을 제대로 확립할 수 있으며 자존감은 객관적이며 중립적 판단이라기보다는 주관적인 느낌이라고 볼 수 있다.

이에 비해 자존심은 남에게 굽힘이 없이 자기 스스로 높은 품위를 지키려는 마음이며 자신의 가치와 능력, 적성 등에 대한 자기 평가가 긍정적임을 의미한다. 자존심은 자기 능력에 대한 자신 또는 소속집단의 인정을 토대로 발생한다. 자존심이 없어지면 우울한 상태를 보이며 자존심이 낮은 사람은 쉽게 당황하거나 부끄러워하고 설득에 잘 넘어가며, 타인에 대한 승인 욕구가 강하고 자기 비하 등의 열등감을 느끼기 쉽다.

연애 상담에서 접하는 임상 사례들을 살펴보면 실제로 자존감이 낮아졌다고 생각하는 사람들이 굉장히 많은데 실은 일시적으로 자신감이 하락한 경우가 대부분이다.

자존감의 경우 연애에 의해 크게 영향을 받지 않는 반면, 자존심은 타인의 평가가 중요한 요소로 작용하는 만큼 연애에 큰 영향을 받는다. 연애가 어렵고 힘들수록 자신감도 함께 낮아지는 것이다.

그렇다면 사람들은 왜 낮아진 자존심을 낮은 자존감으로 오해하는 걸까? 왜냐하면 낮은 자존감과 자존심이 낮아진 두 경우는 얼핏 보면 상당 부분 닮아 있기 때문이다.

하지만 자존심이 내려간 경우는 그 연애가 잘 해결되거나 혹은 끝나면 다시 회복되는 반면, 원래 낮았던 자존감은 연애가 잘 풀리고 안 풀리고와 무관하게 계속 낮아진 상태로 있을 확률이 높기 때문에 이 둘을 구분할 필요가 있다.

통상적으로 볼 때 자존감이 낮은 사람들은 비단 연애뿐 아니라 사회생활 혹은 인간관계에 전반적으로 문제를 겪게 되므로 연애 문제만 해결된다고 낮아진 자존감이 다시 올라갈 확률은 매우 희박하다. 반대로 낮아진 자존심은 연애나 기타 타인들의 평가와 환경에 의해 비교적 쉽게 회복이 가능하다.

자존감이 낮은 사람들의
연애 특징

자존감이 낮은 사람들은 스스로를 하찮게 여기거나 저평가하고 있기 때문에 타인의 칭찬도 인정도 잘 믿지 못한다. 따라서 상대가 아무리 사랑한다고 말하고 애정과 지지를 보내 주어도 그걸 도무지 받아들이지 못하고 자신은 그럴 만한 가치가 없거나 상대가 자신의 본모습을 모르기 때문에 사랑하는 것이라 생각하기도 한다. 혹은 상대가 거짓으로 말하고 있다고 생각한다.

또 연애에서 문제가 발생하면 문제의 원인을 모두 못난 자기 탓으로 돌리며 쉽게 좌절하기도 한다. 이런 사람은 연애할 때 아주 작은 문제가 생겨도 그걸 크게 확대시키는 경향이 있으며 이후에 문제가 해결되더라도 내면의 문제는 그대로인 만큼 계속해서 문제를 안고 있는 경우도 있다.

자존감이 낮은 사람은 사귀는 상대가 누구냐에 따라 연애 스타일이 완전히 달라지는 경우가 많으며 자신보다는 상대의 생각이나 욕구에 더 충실한 모습을 보인다.

이것이 위험한 이유는 상대가 이런 사람의 감정적 특징을 이용해서 다소 무리한 요구를 하거나 존중해 주지 않거나 혹은 자기 마음대로 관계를 좌지우지해도 그게 잘못되었음을 알지 못하고, 설사 안다고 해도 자포자기하는 심정으로 끌려가는 경우가 많기 때문이다. 흔히 말하는 가스라이팅이라는 것을 당하는 피해자 중 자존감 낮은 사람이 많은 이유가 바로 이러한 특성 때문이다.

또 자신의 낮은 가치를 어떻게든 올려야 한다는 생각을 갖고는 있지만 그걸 스스로 해내려고 노력하지 않고 상대가 나에게 그렇게 해주기를 바라기 때문에 백마 탄 왕자나 평강공주를 기다리는 경우가 많다. 자신이 현재에서 구제되어 벗어나길 바라기 때문에 연애나 결혼 등을 통해 새롭게 태어나고 싶어 하기도 한다. 따라서 연애나 결혼을 할 때 사랑하는 마음이나 정서적 만족감보다는 외적인 조건에 집착하는 모습을 보이기도 한다.

자존감 낮은 사람이 연애를 하면 모든 일상과 삶을 연애에 올인하는 경우를 보게 되는데 연애를 통해 구원받기를 바라는 마음이 크고, 연애 중이거나 상대와 함께해야만 그나마 안정감을 느끼기 때문이다.

기타 정서적 문제를 겪고 있는 사람들의
연애에 대한 이해

조금 조심스러운 이야기이긴 하지만 자존감이 낮거나 우울증 혹은 기타 정신적 문제를 안고 있는 사람과의 연애는 결코 쉽지 않다. 그 사람은 이미 그 자신으로 온전하게 존재하는 것에도 어려움을 겪고 있기 때문이다. 특히나 연애는 이성적 판단과 이해관계에 기반하는 일이나 여타의 인간관계와 달리 감정을 토대로 한다. 정서적, 감정적으로 이미 문제를 겪고 있는 사람이 온갖 감정적 변수로 가득한 연애라는 바다에서 자신의 감정을 잘 컨트롤하기란 여러모로 어려운 일이다.

이런 문제를 겪고 있는 사람과 연애를 한다면 상대의 정신적인 문제에 대한 전문 지식이 전무한 상태에서 내가 이 사람을 고쳐 주겠다거나 사랑으로 극복하게 해 주겠다는 생각으로 무리하게 이것저것 요구하고 개선할 것을 종용하지 않기를 바란다. 정신적인 문제는 당신이 생각하는 것처럼 그렇게 단순한 문제가 아닐 수도 있다. 사실 이는 정신과 전문의나 심리학자도 상당히 조심스럽게 접근하는 부분인데 의학적, 심리학적 전문 지식이 전혀 없는 일반인이 단순하게 접근했다가는 오히려 상대를 괴롭게 만들 수도 있다. 정신적인 문제는 하루아침에 좋아지거나 단 몇 개월 만에 개선되기는 상당히 어려운데, 이런 부분들을 잘 인지하지 못하고 쉽게 생각했다가는 결국 끊임없는 반복과 제자리걸음에 지치게 된다. 따라서 이런 문제를 겪고 있는 사람과의 연애를 생각한다면 관련 전문 서적을 읽어 보거나 심리상담사 또는 정신건강의학과 전문의에게 도움을 받는 것이 가장 좋은 방법이다.

자존감 낮은 사람이 연애를 하든 자존감 낮은 사람과 연애를 하든 간에 항상 현재 연애가 어떤 상태인지를 세심하게 체크하는 일이 매우 중요하다. 자존감 낮은 연애를 그냥 인터넷 검색 몇 번으로 해결 가능하다거나 사랑의 힘으로 능히 해결 가능한 간단한 문제로 치부하지는 않기를 바란다.

마음이 식은
상대의 특징

　연애를 하다 보면 상대방이 뭔가 변한 것 같다는 느낌이 들 때가 있다. 막상 그걸 인정하자니 확실한 기준도 없고 인정하는 순간 진짜 현실이 될 것 같아 두렵기도 하다. 그러나 상대의 마음이 식었다면 이걸 모르는 것보다는 아는 편이 연애에는 훨씬 더 도움이 된다. 상대는 마음이 식었는데 그걸 모르는 내 쪽에서 자꾸 서운해하고 관심과 사랑을 보채다 보면 결국 상대방이 이 연애를 버겁다고 느끼고 상황은 점점 악화될 수 있기 때문이다.

　자, 그렇다면 어떨 때 상대방의 마음이 변하거나 식었다고 판단할 수 있을까? 다음의 내용을 읽고 직접 체크해 보자(단, 처음 만날 때부터 원래 그랬던 것이 아니라 최근에 이런 행동을 보이기 시작하는 경우만 해당된다).

1. 바쁘다, 피곤하다는 말을 입에 달고 산다

정말 바쁘고 피곤한 것도 있겠지만 그걸 당신에게 유독 많이 이야기한다는 점이 핵심이다. 바쁘고 피곤하니까 나를 성가시게 하는 모든 것을 하지 말라는 얘기다. 여기에는 데이트나 연락 같은 연애의 가장 기본적인 것들을 소홀히 하겠다는 예고도 포함되어 있다.

2. 진지한 대화를 꺼린다

마음이 변한 사람들은 상대와 뭔가 심각해지고 진지해지는 상황을 피하려고 한다. 진지한 이야기를 꺼내려고 하면 자꾸 다음으로 미루거나 피곤하니까 나중에 얘기하자고 한다.

3. 다른 이성들과 비교한다

주변의 다른 이성과 나를 비교하거나 혹은 내 앞에서 다른 이성을 칭찬하고 편드는 이야기를 자주 한다.

4. 연락을 못 받는 상황이 자주 생긴다

이동 중이었다, 회의 중이었다, 일찍 잠들었다 등 다양한 이유로 연락이 잘 되지 않으며 부재중 전화가 떠도 좀처럼 다시 걸어 주지 않는다.

5. 내 생각을 해 주는 척한다

내가 원하지도 않는 배려를 해 주면서 통화를 빨리 끝내거나 만남을 뒤로 미루려고 한다. 표면적으로는 나를 챙기는 척하지만 결국에는 자신이 편하려고 하는 모든 행동을 포함한다. 이를테면 '너 내일 일찍 일어나야 하니 이만 끊자', '너 요새 너무 바빴으니까 이번 주는 집에서 푹 쉬어' 같은 말이 해당된다. 정작 나는 배려보다는 상대와 좀 더 통화하거나 만나고 싶다는 것이 핵심이다.

6. 통화 횟수와 시간이 줄어들고 내용도 심플해진다

상대가 변했다는 가장 첫 번째 징조에 해당한다. 통화 횟수는 물론이고 통화하는 시간도 줄고 내용도 간단한 안부 챙기기 위주로 빈약해진다.

7. 질투하지 않는다

내가 다른 이성을 만나거나 혹은 다른 이성이 나에게 관심을 보이는 상황에서도 전혀 질투하지 않는다.

8. 미안하다는 말을 자주 한다

미안하다는 말을 자주 한다는 것은 그만큼 미안할 일을 많이 하고 있다는 얘기이다. 딱히 미안하다고 사과할 일이 없는데도 미안하다는 말을 계속한다면 그건 자신의 마음이 변했음을 미안해하고 있다는 증거이다.

9. 당신이 모르는 스케줄이 자꾸 생긴다

갑자기 개인 스케줄이 늘어난다거나 부모님, 친구 등과 약속이 생겼는데 미리 말하지 않고 나중에 얘기한다. 혹은 물어보면 그제야 말하는 일이 점점 잦아진다.

10. 혼자만의 시간이 필요하다고 말한다

갑자기 자기 계발을 해야겠다며 만나는 횟수를 줄이자고 하거나 내가 모르는 새로운 취미 생활이 생겨 바빠진다. 주말에는 여러 가지 이유로 데이트보다는 집에서 쉬고 싶어 한다.

11. 애정 표현을 잘 하지 않는다

보고 싶다, 사랑한다는 내 말에 그냥 '응'이라고만 대답하거나 먼저 저런 말들을 하지 않으려고 한다. 이유를 물어보면 너무 자주 표현하는 건 좀 그렇다는 식으로 애매하게 대답한다.

12. 스킨십을 피한다

스킨십하는 횟수도 줄고 심지어 이쪽에서 신호를 보내도 못 알아들은 척하거나 피한다. 행여 하더라도 이쪽에서 애를 써야 마지못해서 응해 준다.

13. 밤에 연락이 잘 안 된다

밤에 전화하거나 문자를 보내면 못 받는 일이 잦아진다. 나중에 물어보면 피곤해서 일찍 잤다거나 못 봤다고 한다.

14. 나에 대한 불만이 많아진다

나의 말투나 옷차림 등 예전에는 전혀 문제 삼지 않았던 것에 대한 지적이 갑자기 늘어나고 나에 대한 불만이 많아진다.

15. 내가 한 말을 잘 기억하지 못한다

내가 분명히 얘기했던 것들이나 혹은 기억할 만한 것들도 자주 까먹거나 기억하지 못한다. 한마디로 나에 대해 거의 신경을 쓰지 않는다.

16. 나를 궁금해하지 않는다

내 스케줄이나 일상, 나에 관련된 어떤 것들도 먼저 궁금해하거나 질문하지 않는다.

17. 작은 일에도 짜증을 부리거나 화를 낸다

나와 함께 있으면서 벌어지는 일들에 대해 계속해서 화를 내거나 조그만 일에도 짜증을 부린다. 특히 데이트를 하면서 차가 막힌다, 사람이 많다 등의 사소한 이유로 계속 짜증을 낸다.

18. 미래에 대한 계획에 확답을 주지 않고 피한다

내가 세우는 미래 계획에 대해서 좋고 싫음을 정확하게 표현하지 않으며 스케줄 잡는 것을 피한다. 이를테면 TV에 나온 좋은 장소가 있어서 같이 가 보자는 내 말에 '그래, 시간 되면'이라고 대답하거나 여름휴가 계획을 짜려고 하는 나에게 '그때 가서 보고'라는 식으로 애매하게 말한다. 특히 결혼처럼 두 사람과 관련된 중요한 미래에 대한 이야기는 거의 하려고 하지 않거나 피한다.

19. 잘해 주다가도 갑자기 돌변해서 짜증을 내거나 화를 낸다

마음이 변했다고 일관되게 무뚝뚝하고 차가운 것이 아니다. 가끔은 자신의 마음이 변한 것에 미안함을 느껴 잘해 주려고 애쓰기도 한다. 하지만 이런 마음이 끝까지 가지 못하고 중간에 돌변해서 결국 짜증을 내거나 화를 낸다.

20. 생각할 시간을 갖자는 말을 자주 한다

문제가 생길 때마다 바로 해결하기보다는 각자 생각할 시간을 갖자고 한다. 신중하게 해결하려는 느낌이 아니라 일단 이 상황을 피하려고 하는 느낌이 강하다.

때때로 마음으로는 이미 알고 있지만 그걸 인정하고 싶지 않을 때가 있다. 연인의 마음이 변했음을 알아차렸을 때도 그러할 것이다. 하지만 언제까지나 부정할 수는 없으므로 문제를 직시하고 현실을 제대로 파악하는 게 나 자신에게 훨씬 더 도움이 된다. 상대가 원래는 그렇지 않았으나 최근 들어 위에서 나열한 특징 중 해당 사항이 5개 이상 생겼다면 상대의 마음이 조금은 변했다고 볼 수 있다. 10개 이상이라면 확실하게 마음이 식은 것이고, 15개 이상이면 권태기를 포함한 위기 상황에 해당된다.

연애의 문제를
해결하는 방법

연애의 과정에서 우리는 늘 크고 작은 문제에 부딪친다. 문제마다 해결책이 모두 다르겠지만 통상적으로 적용할 수 있는 방법을 몇 가지 살펴보기로 하자.

일단 문제를 단순화하는 것이 좋다. 연애에서 발생하는 문제란 큰일이라기보다는 감정적인 문제가 대부분이다. 감정적인 문제는 필요 이상으로 깊이 생각하고 고민할수록 오히려 더 복잡해지는 경향이 있는데, 이럴 때는 잔가지들을 쳐낸다는 심정으로 가장 중요한 핵심만 남긴 채 모두 정리해야 한다. 그렇게 큰 줄기만 남기고 문제를 바라보면 어느새 해결책이 보일 것이다.

스스로의 연애 문제를 바라볼 때는 항상 감정적일 수밖에 없다. 이 연애에 문제가 있는 것 같기는 한데 내 감정과 기분에 치우친 나머지 원인도 해결책도 모르겠다면 제3자에게 도움을 청할 수도 있다. 현재 상황에서 무언가 더하거나 빼지 않고 모든 걸 말할 수 있을 때 가능한 방법이며 제3자를 통해 현 상황을 있는 그대로 정확하게 파악하는 것이 관건이다. 단 이때 한 명이 아닌 여러 사람에게 부탁해서 여러 가지 의견을 듣는 건 권장하지 않는다.

누군가에게 연애 카운슬링을 받을 때에는 제3자에게서 해결책에 대한 조언을 들을 수는 있겠지만 최종 판단과 결정은 스스로 내려야 한다는 점을 반드시 기억한다.

사실 연애 문제를 해결하는 데 제일 좋은 방법은 내 연인과 솔직한 대화를 나누는 것이다. 하지만 이미 문제가 있는 상태에서 대화를 나누다 보면 자칫하다가는 서로를 비난하거나 감정 싸움으로 번지기 쉬우므로 주의해야 한다. 대화가 필요하다고 판단했다 해서 별로 이야기 나눌 마음이 없는 상대를 일방적으로 대화의 테이블에 앉혀서는 절대 안 된다. 상대도 대화가 필요하다는 것을 충분히 자각하고 능동적으로 이야기를 주고받을 마음이 있을 때 대화를 시작해야 한다. 그렇지 않으면 억지로 끌려와서 대화하는 만큼 소극적인 태도를 보일 것이고 그런 태도가 또 다른 원인이 되어서 다툴 위험이 있다.

문제 해결을 위해 대화를 나눌 때는 반드시 하나의 문제에 대해서만 이야기한다. 여러 가지 문제를 한 번에 이야기할 경우 부정적인 대화를 나누는 시간이 지나치게 길어진다. 대화를 나눌 때 원인을 찾는답시고 상대의 지난 잘못을 끌고 와서 비난하거나 다시는 그러지 않겠다는 다짐을 받는 등 대화가 아니라 야단치거나 화내는 모양새가 되어서도 안 된다. 문제 해결을 위한 대화란 지적은 할 수 있어도 비난이나 책망하려는 목적이 아님을 명심해야 한다. 그러므로 상대 때문에 감정이 고조된 상태에서 대화를 나누는 것은 무조건 위험하다.

　문제가 생겼을 때 반드시 정면 돌파만이 정답이라는 생각을 버리는 것도 필요하다. 말했다시피 연애 문제는 대개 감정적인 갈등이기 때문에 가만히 두면 저절로 풀어질 감정은 굳이 문제를 수면 위로 끌어올리기보다 감정이 누그러질 때까지 시간을 두는 것이 좋다.

　오래 묵은 감정보다는 급작스럽게 형성된 부정적인 감정들이 주로 이렇게 해결해야 할 유형에 속하는데, 짜증이 나거나 갑자기 화가 불같이 치솟을 때에는 잠시 시간을 갖는 것만으로도 거의 대부분이 해결된다.

　문제에 대해 상대가 내놓은 해결책을 어느 정도는 받아들이는 태도 또한 문제 해결에 큰 도움이 된다. 상대가 제시한 것이 내 성에 차지 않는다고 계속해서 다른 해결책을 요구하고 더 확실한 방법을 찾아야 한다고 밀어붙이지 말고 일단 상대의 말을 존중해 주는 것이 좋다. 연애는 나 혼자 100% 끌고 갈 수 있는 것이 아니며 나와 상대에게 각각 50%의 지분과 책임이 있다. 그러므로 내 방법만 고집하지 말고 상대가 제시하는 방법도 받아들이는 태도가 필요하다.

또한 문제가 발생했을 때 그것을 확대 해석 하지 말아야 하는데 특히 아직 일어나지도 않은 미래를 포함시키는 것은 문제 해결에 아무런 도움이 되지 않는다. 지금 이 순간만을 가지고 이야기하는 것이 가장 좋다.

만약 문제의 원인이 상대에게 있다면 상대가 지킬 수 있는 선에서 타협안을 제시해야 한다. 예를 들어 친구와 술을 좋아하는 것이 연애에서 문제가 된다면 아예 친구와 술자리를 갖지 말라고 요구하기보다는 월 몇 회로 제한을 두는 등 대화를 통해 충분히 지킬 수 있는 구체적이고도 현실적인 해결책을 제안하는 편이 좋다.

반대로 원인이 내 쪽에 있고 상대가 나로서는 도저히 지킬 수 없는 해결안을 제시한다면 당장 문제를 크게 만들지 않기 위해 지키지 못할 약속을 할 것이 아니라 내가 할 수 있는 타협안을 다시 제시하고 그것을 지키는 편이 문제 해결에 훨씬 더 도움이 된다.

아무리 문제가 많은 커플이어도 부정적인 이야기를 하거나 싸우는 횟수를 무한대로 놔두는 것은 바람직하지 않다. 문제 해결을 위해서라는 명분은 존재하겠지만 다투는 횟수가 잦아지면 그 자체가 연애의 또 다른 문제가 되기 때문이다. 문제를 해결한답시고 대화를 시작했다가 또다시 싸우기를 반복하는 커플들을 상담해 보면 문제 해결보다는 당장 다투지 않는 것이 더 시급한 경우도 많다. 생각해 보라. 항상 싸워야 하고 감정적으로 늘 힘들다면 문제 해결이고 뭐고 그 연애를 지속하고 싶겠는가. 따라서 싸우는 빈도가 너무 잦다고 느껴진다면 횟수에 제한을 두는 것이 좋다. 평균적으로 볼 때 일주일에 1회 이상 싸우는 것은 서로 감정 회복도 힘들뿐더러 문제 해결에도 거의 도움이 되지 않는다.

세상에 아무 문제 없이 평탄하게만 연애하는 커플은 거의 없다. 우리 커플에게만 문제가 있고 남들은 다 행복하게 연애하는 것 같겠지만 그렇지 않다. 다들 말하지 않을 뿐 어떤 종류의 문제든 하나 이상은 갖고 있다. 그러니 문제가 생겼을 때 필요 이상으로 절망할 필요는 없다. 모든 문제에는 반드시 해결책이 존재하기 때문이다.

권태기에
대처하는 방법

상대를 떠올리기만 해도 설레던 연애 초기를 거쳐 서로의 사랑을 믿고 마음이 편안한 중기를 지나면 어느 순간 상대에 대한 마음이 시들해지고 이 연애를 지속하는 것이 맞는지 의문이 드는 권태기가 찾아온다.

사실 권태기는 연애의 필수 단계가 아니기 때문에 큰 권태기 없이 사귀는 커플들도 있지만 사람에 따라서는 연애의 존속에 영향을 미칠 만큼 꽤 심각한 권태기를 겪기도 한다.

권태기는 마음이 식은 것과 일면 비슷해 보이지만 찾아오는 시점이 서로 다르다. 마음이 식는 것은 연애 중 어느 때나 일어날 수 있지만 권태기는 대략 연애 안정기 이후에 찾아오게 된다.

　권태기에 필요한 조건은 두 가지인데 첫 번째는 바로 지속과 반복이다. 아무리 좋은 것이라도 오래 누리다 보면 당연하게 느껴지는 순간이 온다. 비단 연애에서만 그런 게 아니라 인간의 심리 자체가 그렇다(이건 생존을 위해서라도 익숙해져야 하는 사실이다. 진화 심리학의 관점에서 보자면 계속 비정상적인 감정으로 있어서는 오래 생존하는 데 절대적으로 불리하다).

　두 번째는 무언가 계속 반복되면 느끼게 될 수도 있는 싫증이다. 예를 들어 당신이 카레를 정말 좋아한다고 치자. 그런데 일주일 동안 매 끼니마다 카레가 나온다고 상상해 보라. 그렇게 좋아하던 카레를 더는 먹고 싶지 않아지거나 카레의 '카' 자만 들어도 지겨울 것이다. 물론 연애가 매끼 나오는 카레만큼이야 지겹지는 않겠지만 그래도 매번 같은 패턴과 루틴이 반복되면 사람은 금방 싫증을 느끼게 되어 있다.

　권태기를 느끼는 쪽이 나이든 상대이든 양쪽 모두이든 간에 이는 분명 둘의 연애에 빨간불이 깜박이는 위험 상태이다. 권태기 때는 여태까지 아무렇지 않았던 것부터 심지어 좋았던 것들까지도 모두 문제가 될 수 있다. 이 시기에는 계속 반복되어 오던 것들에 변화를 주거나 서로 그리워할 수 있도록 물리적, 시간적 거리를 두는 것이 좋다. 물론 권태기를 느끼는 상대와 연애 중인 사람은 불안한 마음에 이럴 때일수록 더욱 함께 있으려 하고 변한 그 사람을 어떻게든 옆에 두어야 안심이 될 것이다. 하지만 권태기에 더 많은 시간을 함께 보내거나 적어도 예전처럼 시간을 보내자는 것은 안 그래도 지겨운 무언가를 계속 더 하라고 요구하는 것밖에는 되질 않는다.

만약 상대가 권태기에 접어든 것 같다면 두 사람이 함께하는 시간을 조금 줄이고 늘 했던 데이트 코스에서 벗어나 새로운 것을 시도해 보거나 상대가 익숙해져 있는 내 모습에도 변화를 주는 것이 좋다. 참고로 권태기를 느끼는 사람이 남성이라면 여성의 입장에서는 조금 더 유리할 수 있는데 남성은 시각 정보에 민감하게 반응하기 때문에 당신의 외적 변화가 생각보다 큰 효과를 불러올 수도 있다.

권태기를 겪는 상대를 대할 때 가장 경계해야 할 부분이 서운함이나 불만을 토로하는 일이다. 물론 쉽지 않은 일이다. 상대가 변한 게 뻔히 보이고 나를 향한 사랑이 예전 같지 않은데 서운하거나 속상하지 않을 리 없다. 하지만 권태기에 접어든 상대에게 왜 예전처럼 하지 않느냐 보채고 서운해하는 것은 불난 데 기름을 붓는 격이므로 이럴 때일수록 마음을 느긋하게 먹어야 한다.

반대로 내가 권태기를 느끼는 당사자라면 상대에게 숨기고 매사에 시큰둥하거나 짜증을 내서 상대를 힘들게 하기보다는 권태기인 것 같다고 솔직하게 말하고 함께 해결책을 찾기를 권하고 싶다. 이때 가장 중요한 점은 현재 당신이 할 수 있는 것과 할 수 없는 것을 상대에게 정확히 말해 주는 것이다. 이 부분을 확실히 해 두지 않으면 상대는 당신이 할 수 없는 것들을 기대하고 바라다가 더 큰 상처를 받을 수도 있다. 당신이 생각하기에 권태기를 조금이라도 극복할 수 있거나 적어도 이 상태에서 더 악화되지 않을 수 있는 방법이 있다면 상대에게 말하고 도움을 요청하기를 바란다.

권태기에 빠진 당신이 절대 해서는 안 되는 일은 바로 싫증 나고 지겨워졌다는 이유로 상대를 함부로 대하는 것이다. 상담을 해 보면 권태기를 느끼는 사람이 상대에게 꽤 심각할 정도로 상처를 주거나 무시하는 행동을 하는 경우를 쉽게 접할 수 있다. 상대가 참아 주고 견디는 것에도 한계가 있기 때문에 헤어질 마음이 아니라면 절대 그렇게 해서는 안 된다. 혹시 한쪽의 일방적인 희생으로 권태기를 넘겼다 하더라도 이때 그 사람이 받은 상처들은 고스란히 남아서 나중에라도 문제가 될 수 있다.

권태기는 앞서 말했다시피 크게 느낄 수도 있고 그렇지 않을 수도 있다. 권태기를 겪지 않는 편이 훨씬 좋겠지만 일단 권태기가 왔다면 원인을 찾아 해결해 보겠다는 의도로 서로를 탓하며 싸우는 것은 그

야말로 최악의 상황이다. 흔히 권태기를 느끼는 쪽은 마음이 변했다는 이유로 상대에게 비난받을 수 있는데 중요한 것은 권태기를 느끼는 마음 자체가 잘못은 아니라는 점이다. 사람은 익숙한 것에 싫증이 날 수 있고 매번 반복되는 것이 지겨울 수 있다. 권태기의 진짜 문제는 권태기 자체가 아니라 권태를 느낀 사람이 상대방을 함부로 대하기 때문에 발생하는 경우가 대부분이다.

크게 보면 권태기 또한 연애의 한 과정일 뿐이다. 권태기를 느낀다고 반드시 헤어지는 것도 아니고 권태기가 영원히 지속되지도 않는다. 연애의 다른 모든 과정처럼 이 또한 지나간다. 두 사람이 함께 이 문제를 자각했고 해결하려는 의지가 있다면 권태기라는 고비를 넘기고 난 두 사람의 사랑은 더욱 탄탄해질 것이다.

결혼을 생각하기 전
반드시 체크해야 할 것들

　상대를 깊이 사랑하고 행복한 연애를 하다 보면 당연히 이 사람과 헤어지지 않고 오래 함께하고 싶다는 생각이 든다. 그 생각이 커지고 커지면 마침내 결혼이라는 관문에 도착하게 된다. 물론 이건 가장 이상적인 케이스이며 상황에 따라 결혼 먼저 생각하고 그에 맞는 사람을 만나거나 연애 도중 사랑이나 행복이 아닌 다른 이유로 결혼을 고려하게 되기도 한다.

　하지만 어쨌거나 중요한 사실은 당신이 지금 상상하고 떠올리는 모든 결혼 생활은 결론부터 말하자면 거의 다 틀렸을 것이라는 점이다. 연애가 현실과 다소 동떨어진 동화 같은 거라면 모두들 알다시피 결혼은 현실이다. 이건 마치 판타지 멜로드라마와 다큐멘터리의 차이만큼이나 극명하다.

연애에서는 백마 탄 왕자도 공주도 있을 수 있지만 적어도 결혼에서는 왕자도 공주도 없다. 아니 반드시 없어야 하는 것이, 둘 중 하나라도 공주나 왕자가 되는 순간 결혼 생활은 파국을 향해 방향을 틀 것이기 때문이다.

결혼에 대해 너무 겁을 주었는가? 아직 멀었다. 더 겁먹고 더 신중해도 결혼 중 당신이 맞닥뜨릴 수 있는 모든 상황의 10분의 1도 대비하지 못할 것이다.

결혼과 결혼 생활의 유지가 생각보다 어려운 일이라는 것은 일단 다음의 통계가 잘 말해 준다. 2020년을 기준으로 우리나라의 혼인 건수는 21만 4천 건이었다. 반대로 이혼 건수는 10만 7천 건으로 가파른 이혼 증가율을 보이고 있다.

이 두 가지 수치를 단순 비교 하는 것은 여러모로 무리가 있지만 일단 숫자상으로만 보아도 결혼 인구의 절반 가까이 이혼을 하는 셈이 된다. 세 집 중 한 집이 이혼한 집이라는 말이 결코 농담만은 아니라는 것을 알 수 있는 대목이다.

다른 통계를 한번 보도록 하자. 혼인 지속 기간이 20년 이상인 부부의 이혼이 전체의 37.2%로 가장 많지만 우리가 주목해야 할 것은 2위인 19.8%가 혼인 지속 기간 4년 이하인 부부의 이혼이라는 점이다. 이 통계를 통해 황혼 이혼을 제외한다면 요즘은 과거처럼 참고 참다가 이혼하기보다는 아니다 싶으면 빨리 이혼을 결정한다는 사실을 알 수 있다. 또한 4년 안에 이혼을 할 정도로 중대한 문제가 발생했다는 것은 결혼 전에 그만큼 상대 및 결혼 생활에 대해 충분히 심사숙고하지 않았음을 의미하기도 한다.

다시 말해 당신이 결혼 전에 반드시 체크하고 고려해야 할 부분들을 잘 챙기지 않는다면 결국에는 이혼이라는 최악의 상황에 맞닥뜨릴 가능성이 매우 높다.

자, 그렇다면 당신은 결혼 전에 무엇을 고려해야 할까? 살펴보기 전에 일러두자면 이것은 연애 시 고려하거나 체크해야 할 사항들과는 완전히 다른 부분이므로 현재 결혼 생각이 없는 사람은 굳이 이런 부분들을 체크해서 부정적인 결론이나 평가를 내릴 필요가 전혀 없다. 다시 말하지만 연애와 결혼은 다르다. 그것도 아주 많이 다르다.

당신이 결혼을 고려하고 있다면 가장 먼저 체크해야 할 것은 바로 경제적인 부분이다. 집을 누가 어디에 몇 평으로 하고, 혼수는 얼마만큼 할 것이며, 예단과 예물은 어쩔 것인가에 대한 이야기는 아니다. 그건 각자의 경제 사정과 수준에 따라 판단할 일이기 때문이다. 여기서 말하는 경제적인 부분이란 바로 상대방의 경제적 관념에 대한 것이다.

단지 경제적인 문제로만 생각할 수도 있겠지만 돈을 어디에 쓰고 어떤 곳에 쓰기를 아까워하는가 하는 것은 중요한 문제이다. 이것이 바로 그 사람의 가치관을 나타내기 때문이다. 경험이나 가치에 돈을 쓰는 사람이 있고 반대로 눈에 보이는 물건처럼 물리적으로 존재하는 것에 돈을 쓰는 사람이 있다. 이 두 가지가 조화로우면 가장 좋겠지만 그렇지 않을 경우 전자는 후자를 속물처럼 느끼고 후자는 전자가 쓸데없는 것에 돈을 낭비하는 사람으로 보일 것이다.

당신이 현재 결혼을 고려하고 있다면 상대가 어떤 곳에 돈을 쓰는지, 또 어떤 곳에는 아껴야 한다고 생각하는지 반드시 체크하길 바란다. 더 나아가 충동적으로 돈을 쓰는 일이 잦은지, 아니면 모든 지출을 철저한 계획하에 하는지도 보아야 한다. 이것은 누가 옳고 그르고의 문제가 아니라 나와 맞는가 맞지 않는가의 문제이다.

다음으로 살펴볼 것은 사소한 생활 습관과 라이프 스타일이다. 사실 연애 때에는 상대의 생활 습관을 매우 자세히 알기도 힘들며 설령 나와 다르다 하더라도 그리 큰 문제가 되지는 않는다. 하지만 한

공간에서 공동의 물건을 나누어 써야 하는 결혼 생활에서는 생각보다 큰 부분을 차지한다. 당장의 큰 문제나 결함은 아니지만 이런 차이점에서 오는 사소한 스트레스가 사는 내내 계속 쌓이게 되면 결국 두 사람은 잘 안 맞는 사이로 결론이 날 수도 있다. 서로 다른 사소한 생활 습관이 흔히 말하는 성격 차이에 매우 큰 부분을 차지한다.

예를 들어 아침형 인간과 올빼미형 인간은 사는 동안 함께 보내는 시간이나 공공의 가사 노동 등에서 얼마든지 충돌이 일어날 수 있다. 특히나 이에 더해 자신의 가치가 옳다고 생각하고 상대에게 그걸 강요하는 순간 생각보다 큰 문제로 번진다.

라이프 스타일에 관해서는 특히 청소, 정리 정돈 등에 대한 두 사람의 성향이 비슷해야 한다. 연애에서도 동거하는 커플들은 이 부분으로 가장 많이 다툰다. 따라서 다른 건 몰라도 상대가 자신의 방을 평소 어떻게 해 놓고 사는지는 결혼 전에 반드시 여러 번 체크해서 상대가 어떤 사람인지, 그리고 나와 성향이 비슷한지를 파악할 필요가 있다.

또 여가 시간이 늘어난 만큼 여가를 어떻게 보내는 타입인가도 매우 중요하다. 일을 하는 주중에는 큰 상관 없겠지만 적어도 주말이나 공휴일은 부부가 내내 함께 지내야 한다. 두 사람이 여가 시간을 보내는 스타일이나 취미, 취향 등이 서로 잘 맞는지는 행복한 결혼 생활을 위한 매우 중요한 요건이 된다.

서로의 집안 분위기나 성향도 볼 필요가 있다. 우리가 결혼을 할 때 상대편 집안을 보아야 하는 이유는 나의 상대가 그 집안에서 나고 자라서 그 성향과 스타일을 고스란히 물려받았을 확률이 매우 높기 때문이다. 이뿐 아니라 아직까지 결혼은 개인과 개인의 문제가 아니라 집안까지 연결된 문제이므로 결혼 이후 발생할 수 있는 상대방 가족과의 트러블도 미리 생각해 보아야 할 것이다.

연애할 때 그 사람의 장점으로 느꼈던 성격이 결혼 후에도 반드시 장점으로 연결되지는 않을 수도 있다. 예를 들어 성격이 소심한 사람이 굉장히 사교적이고 인기도 많은 사람과 연애를 한다면 그 사람의 외향적이며 타인과 잘 어울리는 성격에 반해서 좋아하게 되었겠지만 막상 결혼 생활로 이어졌을 때는 얘기가 조금 달라질 수도 있다. 주변에 사람들이 많아서 평일에도 주말에도 계속 약속이 있고 따라서 함께 처리해야 할 결혼 생활의 여러 가지 일이나 문제를 혼자서 다 감당해야 할 수도 있다.

상대의 문제 해결 방식도 잘 살펴보아야 하는데, 연애 때는 잠깐 잠수를 타거나 문제를 조금 회피하는 성향이 사실 큰 문제는 아닐 수 있다. 하지만 결혼 생활에서 공동의 문제가 생길 때마다 혼자만의 동굴로 들어가 버리거나 어떤 식으로든 회피한다면 나머지 한쪽에서 일방적으로 수습하고 해결하느라 골머리를 앓아야 할 수도 있다.

결혼할 때 고려해야 할 사항은 이 밖에도 굉장히 많겠지만 무엇보다 그 사람이 나와 잘 맞는지 살피는 일에 중점을 두어야 한다. 이건 누가 옳고 누가 그르고의 문제가 아니라 두 사람이 얼마나 조화롭게 잘 지낼 수 있을지에 관한 문제이다.

상대가 나와 좀 다르더라도 대화를 통해 의견을 조율하고 양보가 가능한 성향이라면 잘 지낼 수 있을 것이며 설령 다른 부분이 있어도 상호 보완이 가능하다면 괜찮을 것이다. 반대로 똑같은 성향의 사람들이라고 해서 반드시 트러블 없이 잘 사는 것은 아니다. 좋은 점이 같다면 더할 나위 없겠지만 단점이 비슷한 사람끼리 함께한다면 두 사람의 단점이 부정적인 시너지를 내어 정말 큰 문제가 될 수도 있다.

연애와 결혼은 상대의 일상을 함께 공유하는가 그렇지 않은가의 지점에서 서로 다르다. 결혼 생활에서 지극히 사소하고 작은 문제가 진짜 중요한 이유는 바로 지속성과 반복성, 그리고 밀착성에 있다. 연인 사이라면 해당 문제로부터 분리가 가능하기도 하고 심지어 연애를 계속 지속하지 않을 수도 있다. 하지만 결혼 생활은 그러기가 어렵다.

만약 결혼 전 당신이 연인에게 어떠한 부분에서든 부정적인 영향과 스트레스를 받고 있다면 그 사람과의 결혼을 심사숙고하길 바란다. 현재 문제가 되는 부분은 어쩌면 결혼 후 더 커질 수도 있고 심지어 지금의 장점이 이후에는 단점이 되기도 하며 당신이 전혀 몰랐던 새로운 문제도 얼마든지 발생할 수 있다.

이 모든 것을 체크하기 전에 우선적으로 고려해야 할 것이 두 가지 있다. 먼저 당신이 결혼할 준비가 충분히 되었는지 알아야 한다. 어쩌면 나 자신이 타인과 함께 살기에 얼마나 적합한 사람인지 파악하는 것이 결혼식장을 예약하고 집과 혼수를 장만하는 일보다 더 중요한지도 모른다. 그저 사랑하니까 내내 같이 있고 싶다는 마음만으로 결정하기에 결혼은 너무나 크고 긴 약속이다. 알다시피 결혼하는 사람 수의 절반에 이르는 사람이 이 약속을 지키지 못하고 결국은 헤어진다.

그다음 결혼을 결심할 정도로 내가 이 사람을 사랑하고 있는지도 중요하다. 사랑이 전제되지 않는다면 위에서 다룬 내용에 모두 합격점이 나왔다 하더라도 가장 기본적인 요건이 결여된 결혼 생활이 될 것이다. 결혼과 연애에 동일하게 전제되어야 할 유일한 조건은 바로 사랑이다.

PART 4

고민도 없이
헤어져야 하는 상대

세상을 살다 보면 이상한 사람을 정말 많이 만나게 된다. 바꾸어 말하면 우리가 이상한 사람과 연애할 확률도 그만큼 높다.

대표적으로 피해야 할 유형은 명백하게 나쁜 사람이겠지만 문제는 나쁨이 확연하게 드러나지 않는 사람인데 그런 이들을 거르기란 결코 쉬운 일이 아니다.

다음 두 가지 사례를 통해서 누군가에게 확실한 피해를 주거나 드러내 놓고 나쁜 사람은 아니지만 연애 상대로 꼭 피해야 할 유형을 짚어 보도록 하자.

가장 고통스러운 연애

이별과 재회

<u>1</u>

미스 뮌하우젠 양과 연애한 A 씨의 사연

A 씨는 요즘 여자 친구 때문에 고민이 깊은 나머지 상담을 신청해 왔다. A 씨의 여자 친구는 병명을 정확하게는 모르지만 아무튼 불치병에 걸린 상태라고 했다. 게다가 알고 보니 원래 남자 친구가 있으며 현재 A 씨와는 양다리를 걸치고 있는 상황이었다. A 씨는 이성적으로는 그녀와의 관계를 정리해야 한다는 것을 알고 있지만 막상 정리하려고 하면 언제나 그녀의 병에 발목이 잡히곤 했다.

나는 그녀가 뮌하우젠 증후군이 아닌지 상당히 의심스러웠다. A씨는 사귄 지 1년이 지나도록 여자 친구의 정확한 병명을 알지 못했고 함께 병원에 가자고 해도 여자 친구는 늘 거절했다고 한다. 그녀가 아픈 시점은 어김없이 자신이 불리해지거나 상대의 관심과 사랑을 더 끌고 싶을 때뿐, 평소에는 운동도 다니고 직장 생활도 하는 등 일상 생활에 아무런 불편함이 없어 보였다. 입원 치료도 하지 않고 단지 어제 새벽 응급실을 다녀왔다는 말만으로 A 씨를 걱정시키고 있었다.

어릴 때 반에 그런 친구가 있었다. 갑자기 배가 아프다고 교실 바닥을 데굴데굴 구르지만 막상 그 아이의 어머니가 와서 병원에 데려

가면 아무 이상이 없다고 했다. 그렇게 몇 번을 엄마와 함께 조퇴하고 나자 그 아이가 조금씩 의심스러워지기 시작했다. 알고 보니 그 아이의 부모님은 맞벌이 부부였고, 부모님의 관심과 사랑이 필요했던 친구는 배가 아프다는 거짓말을 하면 엄마가 당장 회사에서 달려와 자기를 보살펴 준다는 사실에 자꾸 거짓말을 한 것이었다.

나와 상담을 시작한 A 씨는 그녀에게 정확한 병명이나 하다못해 병원 처방전이라도 보여 달라고 했지만 끝내 아무것도 확인하지 못했다. 마침내 그녀가 전혀 병에 걸리지 않았다는 결론을 내리고 관계 정리를 요구하자 이번에는 그녀가 자살 소동을 벌이기 시작했다. 자세히 보니 이미 그녀의 팔목에는 수많은 자해 흔적이 있었고 그녀는 몸이 아니라 마음이 아픈 여자 친구였다.

타인에게 사랑과 관심 혹은 동정심을 유발하기 위해 아프다는 거짓말을 하거나 심하게는 자해도 서슴지 않는 증상을 뮌하우젠 증후군이라고 부른다. 이런 정의를 토대로 보면 그녀는 뮌하우젠 증후군일 확률이 높았고 여태까지 늘 그런 식의 연애를 해 온 것 같았다.

이후 다른 기회에 이번에는 뮌하우젠 증후군을 앓고 있는 여성을 상담한 적이 있었는데 그녀는 자신이 불리하면 늘 아프다는 이유로 남자 친구를 힘들게 했다. 물론 그것이 꾀병이라고 자기 입으로 말하지는 않았지만 신체 건강한 여성이 남자 친구와 트러블만 생기면 늘 병명도 없이 응급실에 간다는 것이 꽤 이상하게 들렸다. 그녀는 나와 상담을 진행하는 동안 남자 친구가 세 번 바뀌었고 그들과 헤어질 위기에 봉착할 때마다 임신하고 아이를 낙태하는 과정을 반복했다. 물론 그녀의 임신도 낙태도 확인된 바는 없다. 남자 친구가 아무리 같이 가자고 해도 그녀는 기어이 혼자 가서 낙태 수술을 받곤 했으니 말이다. 그녀가 나와 상담하는 이유는 자신이 아프다고 하는데 충분히 걱정하고 염려하지 않는 남자 친구에 대한 불만을 토로하기 위해서였다. 응급실을 그렇게 다니면 입원을 하거나 정밀 검사를 해 볼 법도 하지만 그녀는 결코 그러지 않았다.

2

미스터 리플리 씨와 연애한 A 양의 사연

30대 중반의 헤어디자이너 A 양은 3년 전 헌팅 포차에서 자신에게 적극적으로 대시한 의사 B 씨와 사귀게 되었다. A 양은 잘생긴 데다 능력 있고 다정한 B 씨에게 푹 빠졌다. 연애한 지 2년 정도 되었을 무렵 A 씨는 슬슬 결혼을 생각하게 되었다. 그러던 어느 날 한 여성으로부터 전화를 받게 되었는데 그녀의 입에서 나온 얘기들은 놀라웠다. B 씨는 결혼을 두 번이나 한 이혼남이며 전화를 건 여성과는 현재 사실혼 관계에 있었다. 고등학교와 대학교를 미국에서 나왔다는 것도 거짓말이었고 미국에 있다는 부모님도 실은 한국에서 농사를 짓고 있었다. 심지어 그가 말한 직업도 가짜였다. 그는 유명한 대학병원의 의사가 아니라 제약 회사의 영업 사원이었다. 그가 보여 준 의사 가운이며 집에 있던 청진기나 전문 의료 서적도 전부 A 씨를 속이기 위한 장치였던 것이다.

그제야 A 씨의 모든 의문이 풀렸다. 왜 그가 SNS에 자신과 찍은 사진을 한 장도 올리지 않는지, 어째서 그의 주변 사람들을 아무도 보지 못했는지, 왜 의료 분쟁 중이라 자신의 이름이 병원 홈페이지에서 빠져 있다고 했는지를 말이다.

당연히 A 씨는 B 씨에게 이별을 고했고 B 씨는 헤어지는 순간까지도 사실혼 관계의 여성이 자신에 대한 집착 때문에 거짓말을 꾸며 낸 것이며 자신은 A 씨 이외에는 그 누구도 진정으로 사랑한 적이 없다고 했다.

거짓말을 정도껏 하면 그건 그냥 거짓말이다. 하지만 거짓말의 도가 지나치고 자신마저도 그 거짓을 진실로 믿고 있는 경우를 리플리 증후군이라고 부른다. B 씨는 자신의 배경과 자신에 대한 모든 것을 완전히 속였으며 마지막 순간까지도 그것이 사실이길 바라고 있었다.

연인 사이에 거짓말은 사실 생각보다 흔하게 일어난다. 하지만 대개의 거짓말은 곤란한 상황을 모면하기 위해서이지 B 씨처럼 철저한 계획하에 모든 것을 속이는 경우는 거짓말 정도가 아니라 사기에 속한다. 이런 거짓말을 상대가 믿는 이유는 딱 하나다. 내가 사랑하고 내가 선택한 사람이 그렇게까지 나쁜 사람일 리가 없다는 믿음 때문이다. 어쩌면 A 씨는 연애를 하면서 계속 B 씨에게서 뭔가 명확하고 분명하지 않다는 느낌을 받았을지도 모른다. 하지만 자신이 사랑하는 사람이 좋은 사람일 것이라는 믿음 때문에 다소 미심쩍은 부분이 있어도 아무런 확인을 하지 않았던 것이다.

타인을 의심하는 것은 어떻게 봐도 좋은 일이 아니다. 하지만 무조건적인 믿음도 금물이다. 우리는 자신이 거짓말을 하지 않으면 타인도 내게 거짓말을 하지 않을 거라고 믿는다. 그러나 세상은 넓고 거짓말쟁이는 많다. 혹시 나에 비해 상대가 지나치게 좋은 스펙(대개는 이름만 들으면 알 만한 대학을 나왔으며 대기업이나 전문직 종사자인 척한다)을 갖고 있다면, 상대가 불치의 병에 걸렸다거나 자신이 불리할 때마다 아프다고 한다면 적어도 확실하게 증명되기 전까지 상대의 말만으로 무조건 믿지는 않길 바란다. 덮어놓고 믿는 것이 아니라 상대가 믿을 만한 무언가를 했을 때 믿는 것이 제대로 된 믿음이다.

거짓말에 대하여

　사람은 자신이 어떤 생각과 가치관을 갖고 있는지를 은연중에 꽤 많이 드러낸다. 의식하고 드러내는 것도 있지만 아닌 경우도 상당히 많다. 어쩌면 우리가 연인에 대해 알아야 할 것은 '나는 이런 사람입니다' 하고 그 사람의 입에서 나오는 말이 아니라 오히려 그 사람이 말하지 않은 부분에 있는지도 모른다.

　사실 자신의 단점이나 콤플렉스 혹은 부족한 부분을 솔직히 말하기란 쉽지 않다. 이런 것들은 누구나 어떻게든 최후의 최후까지 숨기고 싶을 것이다. 그러나 상대가 말하지 않는 단점과 콤플렉스가 연애에 얼마나 부정적인 영향을 미칠 수 있는지를 생각하면 이에 대해 마냥 모른 척 지나칠 수 없다. 설사 결과는 달라지지 않더라도 적어도 알고 있는 것과 모르는 것은 완전히 다르기 때문에 이런 부분을 파악하는 일은 그 사람의 장점을 보는 것만큼이나 중요하다.

연애 초창기에 우리는 상대의 거의 모든 것을 긍정적으로 해석한다. 이때는 눈에 콩깍지가 쓰였기 때문에 다른 사람이 하면 분명히 단점으로 보일 것들마저도 장점으로 해석하는 오류를 충분히 저지를 수 있기 때문이다. 하지만 초기가 지나자마자 상대가 가진 문제는 곧 내 연애 문제가 된다. 그러므로 연애 시작 전이나 늦어도 연애 초기에는 상대가 말하지 않았어도 상대의 문제점이 무엇인지를 파악하는 일이 매우 중요하다.

어떻게 하면 상대가 내게 말하지 않지만 내가 알아야 할 것들을 알아낼 수 있을까? 대개는 그 사람의 말과 행동을 잘 분석하는 것만으로도 비교적 손쉽게 해답을 얻을 수 있다.

예를 들어 폭력적인 사람은 평소에도 폭력과 관련된 언어를 사용하거나 장난이더라도 상대방을 때리는 시늉을 하기도 한다. 물론 이를 장난치는 것으로 받아들일 수 있겠지만 폭력성이 전혀 없는 사람은 폭력과 조금이라도 관련된 것으로 장난을 치지는 않는다. 장난으로라도 때리는 시늉을 자주 하는 사람은 상황에 따라 얼마든지 폭력을 휘두를 수 있다. 설령 상대가 폭력을 행사하지는 않더라도 폭력적인 환경에서 자랐거나 폭력에 자주 노출되어 있지는 않았는지를 살펴보아야 한다(이러한 성장 환경은 당사자의 성격 형성에 매우 큰 영향을 미친다).

가장 위급하고 다급한 상황에서 어떤 말을 내뱉는지를 살펴보면 그 사람 안에 어떤 성향이 자리 잡고 있는지를 알 수 있다. 평소 모습이야 얼마든지 꾸미거나 연출할 수 있다. 그러나 평정심을 유지하기 힘든 급작스러운 상황이나 화가 많이 난 순간에 나오는 모습을 보면 아직 당신에게 보이지는 않았지만 그 사람에게 내재된 모습을 파악할 수 있다. 예를 들어 운전을 하다 보면 돌발 상황이 매우 자주 발생하는데 이럴 때 욕설을 내뱉거나 크게 화를 낸다면 그 사람은 적어도 욕을 하고 심하게 화를 낼 수 있는 사람이다. 정말 안 좋은 상황에서 그 사람이 어떻게 말하고 행동하는지를 보면 그 안에 자리 잡은 내면이 어떠한 얼굴인가를 알 수 있다.

평소 그 사람이 지나치게 비난하는 무언가가 있다면 그걸 굉장히 싫어한다는 1차원적인 해석 이외에도 심리학적으로 그 사람 내면에 그와 관련된 것들이 자리 잡았을 확률이 매우 높다. 즉 싫어하는 것을 드러내는 정도에 그치지 않고 그것에 대한 심한 혐오나 비난의 코드까지 가지고 있다면, 내면에 존재하지만 스스로 몹시 싫어하고 부정하고 싶은 모습이라서 지나치게 강한 표현을 사용하는 것은 아닌지 살펴볼 필요가 있다.

예를 들어 평소에 졸부를 엄청나게 싫어하고 굳이 사람들 중 졸부 스타일을 가려내며 졸부의 특성을 심하게 비난하는 사람이 있다면 그 사람은 졸부가 싫은 것이 아니라 부에 대한 갈망이 매우 강한 부류라는 해석이 가능하다. 그 사람의 내면에는 졸부가 되어서라도 부자이고 싶고 졸부들이 하듯 자신의 부를 타인에게 드러내고 싶은 욕망이 자리 잡고 있는 것이다. 하지만 이를 솔직하게 인정하지 못하는 이유는 스스로가 내면의 그 욕망을 매우 부정적으로 평가하고 있거나 혹은 부끄러운 일이라 생각하기 때문일 수 있다.

만약 연인이 당신에게 믿음과 신뢰에 대해 강조를 넘어 강요로 느껴질 정도로 유달리 집착한다면 그 사람은 어쩌면 믿음과 신뢰의 측면에서 가장 못 미더운 사람인지도 모른다. 합리적 의심이 발생할 수 있는 모든 정황을 사전에 완전히 차단하기 위해 자신의 가치관 및 연인 사이에 가장 중요한 것은 믿음과 신뢰라고 말하는 것이다. 그 말인즉슨 자신이 앞으로 미덥지 않은 행동을 아무리 많이 하더라도 자신을 믿고 신뢰하라는 뜻이며, 합리적인 의심을 야기하는 정황이 발생해도 상대의 믿음과 신뢰가 부족함을 문제 삼는 것으로 상황을 전복하겠다는 의미이다.

다들 알다시피 믿음과 신뢰는 절로 생기지 않는다. 믿음과 신뢰는 상대가 믿을 만한 행동을 지속적이고 반복적으로 보였을 때 서서히 자리 잡게 된다. 하지만 상대방이 지속적인 행동으로 보여 주기보다는 무조건 믿으라고 강요한다면 당신에게 그걸 원하지만 정작 자신이 줄 수는 없어서 하는 행동이라고 봐도 무관하다.

연인이 당신을 절대 믿지 못하고 하나부터 열까지 다 의심한다면 두 가지 이유를 생각해 볼 수 있다. 첫째는 전 연인에 대한 트라우마 때문인 경우, 둘째는 자신이 현재 의심스러운 짓을 하고 있는 경우이다. 전자의 트라우마는 전 연인과의 관계에서 형성된 부분이어서 현재 나의 행동이 믿음직스러워도 상대는 이전에 속은 기억을 떠올리며 거짓말을 하고 있다고 생각한다. 후자의 경우에는 자신이 현재 떳떳하지 못한 행동을 하고 있으므로 감히 자신을 의심하지 못하도록 오히려 상대를 구속하고 단속하는 차원에서 의심을 하는 것이다.

거짓말도
보여요

사람을 믿으면 가장 좋겠지만, 더구나 연인 사이라면 믿음과 신뢰가 절대적으로 필요하긴 하지만 단순하게 '내 남자 친구 혹은 내 여자 친구는 그럴 사람이 아니야'라든가 '나에게 그럴 리 없어' 같은 막연한 믿음은 위험하다. 세상에 거짓말을 안 하는 사람은 있어도 못 하는 사람은 없다. 따라서 당신의 연인도 얼마든지 당신에게 말하지 않고 감추거나 거짓을 말할 수 있다. 특히 내가 스스로 알아낸 정보가 아니라 연인이 직접 자신을 설명하거나 드러내는 말은 솔직히 어느 정도의 미화와 과장으로 각색되어 있다고 보면 될 것이다. 다만 각색이 허용되는 정도를 넘어 상대를 속이고 기만한다면 이건 매우 심각한 문제이다.

이왕 거짓말에 대한 이야기가 나왔으니 이에 대해 좀 더 짚고 넘어가도록 하자.

인간은 하루에 몇 번이나 거짓말을 한다고 한다. 거짓말의 기준 및 연구 기관에 따라 다양한 결과를 내놓았는데 미국의 심리학자 제럴드 제이슨에 따르면 인간은 하루 평균 200번의 거짓말을 한다. 의례적이고 사소한 거짓말까지 모두 포함한 경우인데 계산해 보면 약 8분마다 거짓말을 한다는 결론이 나온다. 이게 좀 과장되어 있다고 느껴진다면 네덜란드 암스테르담 대학 연구원 팀에서는 인간이 하루 2.2회의 거짓말을 한다고 보고 있으며, 마지막으로 우리나라 EBS 팀이 2017년에 20대에서 40대를 상대로 실험한 바에 따르면 거짓말하는 횟수는 하루 평균 3회라고 한다.

거짓말의 종류는 단순한 자기방어용 거짓말, 상대를 속이거나 이익을 취하기 위한 적극적인 거짓말, 타인을 배려하는 선의의 거짓말로 나눌 수 있는데 제일 처음 언급한 연구 결과의 200번은 이 세 가지를 모두 포함한 경우라고 볼 수 있겠다.

그렇다면 우리는 어떻게 연인이 하는 거짓말을 알아차릴 수 있을까? 그 사람이 하는 말 이외의 다른 것들, 즉 비언어적인 단서를 잘 관찰하면 알 수 있다. 말을 할 때의 표정이나 시선 처리, 몸짓 등 평소 그 사람의 습관을 잘 알면 알수록 비언어적 단서는 더 쉽게 파악이 가능하다. 특히 그 사람이 거짓말을 할 때 특징적으로 보이는 행동이 있다면 잘 기억해 두자. 그 행동이 나오면 거짓말 가능성을 어느 정도는 짐작할 수 있다. 아무리 거짓말을 능수능란하게 자주 하는 사람이어도 자신까지 완전하게 속이지 않는 한 기본적으로 거짓말이 들킬 수 있다는 두려움에 긴장하게 되어 있기 때문이다.

인간은 긴장했을 때 보이는 행동 유형에 어느 정도 일정한 패턴이 있다. 게다가 남성과 여성은 거짓말을 할 때 각기 다르게 행동한다. 남성은 말이 많아지는 반면 여성은 말을 줄이는 경향이 있는데, 남성은 거짓말을 할 때 평균 14.2개의 단어를 사용하는 반면 여성은 5.2개밖에 사용하지 않는다. 당신의 연인이 거짓말을 하고 있다면 여성은 평소보다 간략하게 단답형으로 말할 가능성이 높고 반대로 남성은 평소보다 더 장황하게 뭔가를 설명하고 덧붙일 것이다.

비언어적인 단서를 살펴보면 남성은 거짓말을 할 때 눈동자를 좌

우로 이동하거나 눈을 깜빡이는 횟수가 증가하며, 침을 삼키거나 '어, 아, 저, 그'같이 의미 없는 소리를 내기도 하고 몸을 앞뒤로 움직이거나 침묵하는 시간이 길다. 이에 반해 여성은 미소를 보이거나 무표정을 짓기도 하며 목소리 톤이 평소보다 조금 올라가고 입술이 비정상적으로 움직인다.

이 밖에도 남녀 모두가 보이는 행동으로 거짓이 새어 나가지 않도록 입술을 꽉 다물거나 특정 단어를 강조하며 반복한다거나 상대방의 말을 따라 반복하면서 시간을 끌기 등이 있다. 보통은 거짓말을 할 때 이런 특성들이 하나만 나오지 않고 여러 가지가 동시에 나오기 때문에 조금만 주의를 기울이면 상대가 하는 말이 거짓인지 어느 정도는 파악할 수 있다.

물론 '이렇게까지 해서 연인이 내게 거짓말을 하는지 알아내야 하는가' 싶은 생각도 들겠지만 만약 그 거짓말이 당신의 사랑과 연애에 치명적이라면 그래도 그냥 덮어놓고 내 연인을 믿을 것인지는 각자의 판단에 맡기겠다.

당신이 소시오패스와
만나고 있다는 증거

연애를 하면서 문제가 발생하면 우리는 제일 먼저 자기 자신에게서 원인을 찾아보게 된다. 하지만 여태 연애를 하면서 이렇게까지 힘든 적이 없었을 만큼 아무리 노력해도 소용없고 이 연애가 자신을 갉아먹고 있다는 느낌이 든다면 그래도 나의 탓일까? 이렇게 힘들다는 감정뿐 아니라 분명 나와 가장 가까운 사람임에도 불구하고 상대가 어떤 사람인지 전혀 모르겠다는 생각이 든다면 자신이 아니라 상대방에게 원인이 있을 수도 있다.

만약 당신이 소시오패스를 만나 연애 중이라면 아무리 노력하고 잘한다고 해도 그 사람과 행복하게 연애하기란 거의 불가능하다.

소시오패스란

무엇인가

미디어의 영향으로 많은 사람들이 소시오패스라는 단어를 꽤 친숙하게 느낄 것이다. 하지만 소시오패스에 대해 정확하게 알고 있는 사람은 드물며 심지어 사이코패스와 자주 혼동하기도 한다.

소시오패스와 사이코패스의 차이점을 간략하게 설명하자면, 사이코패스는 반사회적 인격장애 형질을 가지고 태어나지만 소시오패스는 유년시절의 환경적, 사회적 영향을 받아 후천적으로 형성된 반사회적 인격장애라고 할 수 있다. 사이코패스와 소시오패스 모두 반사회적 성격장애(인격장애)로 분류되지만 이 둘은 출발 지점부터 서로 다른 양상을 보인다. 사이코패스는 타인의 감정을 잘 읽지 못하며 본인의 감정도 조절하지 못하는 반면, 소시오패스는 오히려 반대로 타인의 감정을 읽고 자신의 감정을 컨트롤하는 일에 매우 능숙하다.

사이코패스는 강력 범죄나 연쇄 살인을 저지르지만 소시오패스는 사람들 사이에 섞여서 우리와 마찬가지의 모습으로 살아가고 있다. 그래서 소시오패스를 처음부터 알고 거르기란 상당히 어렵다.

소시오패스의 수는 통상적으로 전체 인구의 4%에 해당되며 이를 계산해 보면 25명당 1명꼴로 아주 적지는 않다. 당신이 연인이나 직장 상사, 동료, 친구, 가족 등으로 소시오패스를 만나는 일은 생각보다 드물지 않다는 뜻이다.

소시오패스의
특징

    소시오패스는 자신의 성공을 위해 타인을 이용하고 거짓말을 일삼지만 양심의 가책을 전혀 느끼지 않는다. 앞서 말했다시피 타인의 감정을 읽고 본인의 감정을 표현하는 일에 어려움을 느끼는 사이코패스와 달리 소시오패스는 타인의 감정을 읽는 데 매우 능숙하며 자신의 감정을 조절하는 능력이 보통 사람에 비해 훨씬 뛰어나다. 그러므로 매우 감정적인 사건을 맞닥뜨려도 흥분하지 않으며 냉정함과 차분함을 유지한다. 이들은 타인의 기분을 잘 맞춰 주는 친절하고 침착한 사람으로 보이기도 하지만 어디까지나 자신의 이익이 관련되어 있을 때에 한하며 상대가 쓸모없어지면 더 이상 친절을 베풀지 않는다. 위험하거나 무서운 상황에서도 거의 반응을 보이지 않거나 이런 상황을 알아차리는 데 남들보다 둔감하고 무관심하다.

    소시오패스는 늘 자극을 추구하고 쉽게 지루함을 느끼기 때문에 새롭고 위험한 것에 흥미를 보이고, 자신의 이익을 위해서라면 타인에게 선물 공세나 칭찬으로 호감을 사고 자신을 위장하는 일을 마다 하지 않으며 또한 이런 일에 능숙하다. 이들은 매우 계산적이고 인간성이 결여되어 있지만 겉으로는 매력적이고 사교적으로 보일 수 있기 때문에 직접 겪어 보거나 시간을 두고 옆에서 지켜보지 않는 한 단번에 알아차리기는 몹시 어렵다.

소시오패스와의
연애

위에서 언급했다시피 이들은 매우 매력적이고 사교적이며 필요에 따라 선한 사람인 척하고 타인의 호감을 얻기 위해 친절을 베풀기 때문에 많은 사람들이 소시오패스와 직접적인 관계를 맺기 전까지는 이들을 매우 선하고 매력적인 사람으로 본다. 따라서 이들에게 연애는 그리 어려운 일이 아니다.

만약 소시오패스가 당신을 목표물로 삼았다면 당신에게 잘 보이기 위해 당신이 원하는 이상형을 빠르게 파악해서 그 특징을 완벽하게 연기했을 수도 있다. 이들은 타인의 감정을 다루는 데 능숙하고 자신의 감정 또한 잘 컨트롤하기 때문에 일정한 목표에 도달할 때까지 철저하게 자신을 숨길 수 있다. 그래서 당신은 상대를 매우 자상하고 당신을 몹시 위해 주는 사람으로 착각하여 쉽게 사랑에 빠질 수 있다. 심지어 소시오패스가 본색을 드러내기 전까지 당신은 상대가 소시오패스인지 전혀 눈치채지 못할 수도 있다. 영화 〈올 굿 에브리싱〉을 보면 소시오패스 남성은 주인공인 여자와 결혼할 때까지는 자신을 전혀 드러내지 않으며 오히려 선하고 매력적인 사람으로 보인다. 하지만 결혼하고 상대가 자신의 뜻대로 움직이지 않자 서서히 본색을 드러내기 시작하고 여자는 그제서야 상대가 이상하다는 사실을 눈치채게 된다.

소시오패스와의 연애가
문제인 이유

이들은 연애를 소중한 감정이자 진지한 인간관계로 받아들이지 않고 그저 모든 것을 게임처럼 생각한다. 당신과 사귀는 일은 소시오패스에게 하나의 게임 미션에 불과하며 당신과 연애를 하게 되면 목표 달성, 미션 클리어 정도로 생각한다. 게임으로 생각한다는 것의 문제점은 하다가 싫증이 나면 언제든 그만둘 수 있으며 다른 게임에 눈을 돌릴 수도 있다는 것이다.

당신이 상대를 사랑하는 마음과 감정을 아무런 양심의 가책 없이 이용하며 자신의 이익을 위해 당신을 손쉽게 가스라이팅하고 통제

하려 한다. 가장 큰 문제는 자극에 약하고 쉽게 싫증을 내기 때문에 당신을 만나면서도 끊임없이 트러블을 일으키거나 더 자극적인 것을 찾게 되며, 자신의 흥미를 끄는 다른 관심사가 생기면 당신을 헌신짝처럼 버릴 수도 있다. 당신이 자신을 완전히 사랑하게 될 때까지 이들은 인내심을 갖고 꾸준하게 노력하지만 막상 당신의 마음을 얻었다고 느껴지면 당신을 마음대로 조정하려 하고 그 마음을 이용해서 자신의 이익을 취할 것이다.

예를 들어 결혼 사기가 이에 속한다. 마치 결혼을 할 것처럼 상대에게 믿음과 신뢰를 주고 나서 자신의 목적(주로 금전 편취)을 다 챙기고 난 다음에는 당신을 매몰차게 버릴 수도 있는 것이 소시오패스이다. 또 자신의 목표를 달성하기 위해 상대에게 상처 주는 일에 전혀 거리낌이 없으며 죄책감 또한 느끼지 않기 때문에, 자기가 성공할 때까지 열심히 뒷바라지한 연인을 성공 후 쉽게 배신하기도 하며 때로는 하룻밤의 쾌락을 위해 당신의 호감을 사고 좋은 사람인 척할 수도 있다.

아무리 감정에 호소해 봐야 이들은 실질적으로 취할 이득이 없다면 매우 차갑게 돌변한다. 특히 이들은 지속적으로 거짓말을 하거나 과거의 자신을 아예 다른 사람으로 꾸며 내는 방면에 능하기 때문에 당신이 알았던 그 사람은 그가 연기한 캐릭터에 불과했다는 사실을 나중에서야 알게 되기도 한다.

소시오패스와 연애를 하게 되면 당신은 말 그대로 몸과 마음이 모두 피폐해질 것이다. 이들은 마치 흡혈귀처럼 당신의 영혼과 마음을 송두리째 앗아갈 것이며, 자신에게 이득이 되거나 흥미를 느끼는 동안에만 당신을 필요로 할 뿐 결국 당신을 사용하고 버리는 일회용품 같은 존재로 취급할 것이다. 하지만 상대가 소시오패스인지 모르고 정말 진심을 다해 사랑했던 당신은 어느 날 날벼락처럼 버림받고도 그 이유를 알 수가 없다. 소시오패스는 당신이 필요할 때나 친절을 베풀지 그렇지 않을 때는 여태 한 번도 본 적 없는 냉정함으로 당신에게 상처를 입힐 것이다.

소시오패스와의
연애를 피하려면

일단 소시오패스는 타인에게 매력적으로 보이고 그들의 호감을 사는 일에 매우 능숙하기 때문에 필요 이상으로 호의를 베풀고 급작스럽게 다가와서 당신이 마치 꿈속에 그리던 이상형인 것처럼 군다면 한 번 정도는 의심해 볼 필요가 있다.

또한 이들은 잘못을 지적하면 이를 반성하기보다는 되레 변명하고 핑계 대느라 바쁘며 때로는 지적하는 상대방을 비난하기도 한다.

하지만 필요에 따라서 반성하거나 뉘우치는 척도 곧잘 하기 때문에 입으로는 계속 반성하고 다시는 잘못을 되풀이하지 않겠다고 약속하는데 실제로는 동일한 문제가 계속 반복된다면 상대가 단지 문제를 잘 일으키는 사람이 아니라 소시오패스일 수도 있다.

소시오패스는 자신이 어떻게 해야 매력적으로 보이는지 잘 알기 때문에 인기가 많은 사람일 수 있다. 하지만 사람의 특징은 어떻게든 드러나게 되어 있으므로 주변에 안 지 얼마 안 된 사람은 많은데 오래 알고 지내며 친분을 유지하는 사람이 별로 없다면 의심을 해 볼 만하다. 모두에게 호감을 사고 좋은 사람이라는 평가를 받는데 막상 오랫동안 그 사람을 지켜보았거나 그 사람의 히스토리를 아는 오랜 지인이 없다는 건 분명 이상하다.

자신의 과거에 대해 거짓말을 했을 확률이 높기 때문에 과거와 연관된 사람을 전혀 보여 주지 않을 수도 있다. 가족이나 어린 시절 친구 등 자신의 과거와 연관된 사람들에 대해 이야기만 할 뿐 그들을 결코 실제로 보여 주려 하지 않는다면 이것도 의심해 볼 만한 요소이다. 어린 시절 환경에 의해 소시오패스가 되는 만큼 부모, 형제와 극도로 사이가 나쁠 가능성이 높다.

목표 달성을 위해 타인에게 상처를 주는 것이 아무렇지 않기 때문에 당신이 아닌 다른 사람이 자신에게 실수를 저지르거나 잘못했을 때 지나치게 냉정하고 잔인한 모습을 보인다면 그것 역시 소시오패스의 특성일 수 있다.

　타인에게 진심인 적이 없기 때문에 이들은 태도가 자주 돌변하고 짧은 시간 동안에는 타인에게 잘할 수 있겠지만 오랜 시간 그렇게 하지는 못한다. 또 자신과 관련된 거의 모든 것이 스스로 만들어 낸 거짓말일 확률이 높기 때문에 아무리 철저하게 거짓말을 한다 해도 어딘가는 허점이 드러나기 쉽다. 과거에 했던 이야기와 상반되거나 모순된 이야기를 하는 등 일관성이 없다면 이런 사람은 피하는 게 상책이다.

　혹시나 당신이 만나고 있는 연인이 단순히 특이한 성격이 아니라 위와 같은 특징을 고루 갖춘 소시오패스로 의심된다면 그걸 알아차린 즉시 상대와의 관계를 끝내는 게 최선의 방법이다. 안타깝게도 소시오패스는 사이코패스와 마찬가지로 성인이 되고 난 이후에는 교정과 치료가 거의 불가능하다. 이들에게는 자신에게 이득이 되는 것을 알려 주어야 겨우 교정 정도가 가능할 뿐이다. 예를 들어 소시오패스인 사기꾼이 사기를 멈추게 하기 위해 사기가 왜 나쁜지, 사기의 피해자가 얼마나 고통받을 것인지를 말해 봤자 아무 소용이 없다. 사기를 치게 되면 지금 당장이야 이득을 취하겠지만 길게 보았을 때는 명백하게 손해라는 식으로 설득해야만 겨우 자신의 이익을 위해 사기를 멈출 수 있는 것이다. 하지만 연애는 실질적인 이해득실을 따지는 분야가 아니며 지극히 감정적인 분야이기 때문에 왜 이 연애를 소중하게 여겨야 하는지, 왜 사람을 진심으로 대해야 하는지를 납득시키기란 거의 불가능에 가깝다. 당신이 아무리 잘해 주고 사랑을 준다 하더라도 소시오패스는 결코 변화하거나 치유될 수 없다.

소시오패스와는 연애를 아예 시작조차 하지 않는 게 가장 좋으며 설령 연애를 하게 되더라도 상대의 정체를 아는 순간 바로 빠져나오는 것이 최선의 답이다. 이들과의 연애는 절대로 희망이 없으며 나아지지도 고쳐지지도 않을 것이기 때문이다.

바람은 단 한 번으로
끝나지 않아요

바람에 대해서는 이런 말을 하고 싶다. 세상에 바람을 한 번도 안 피운 사람은 있어도 한 번만 피우는 사람은 없다고. 바람을 피우는 이유에 대해 어떤 변명을 늘어놓아도 결국 바람은 모럴 해저드(도덕적 해이)에 기반한 것이며 한 번 무너진 양심은 기회만 되면 언제든 다시 무너질 수 있다.

만약 당신이 연인 A를 만나고 있다고 가정하자. 그런데 당신에게 매력적인 B가 접근하게 된다. 당신은 A와 B 사이에서 얼마든지 갈등할 수 있다. 하지만 어찌 되었든 어느 한쪽만 선택해야 한다. A를 만나든 B를 만나든 그건 당신의 자유지만 A와 B를 속이며 둘 다 만나는 것은 안 된다. 물론 A와 B 모두에게 서로의 존재를 밝히고 양해를 구한 후 두 사람을 동시에 사귈 수는 있겠지만 그것도 그리 좋은 선택은 아닐 것이다.

연애 상담을 하다 보면 연인이 바람을 피워서 그 후유증으로 힘들어하는 사람들을 만나게 된다. 연인을 용서하고 계속 만나더라도 상대가 혹시 또 바람을 피우지 않을까 전전긍긍하게 되고 작은 일에도 자꾸 의심하게 된다고 괴로워한다. 예전 같으면 친구를 만나러 간다거나 일이 늦게 끝났다는 말을 그대로 믿었겠지만 바람을 피우고 난 다음부터는 연인의 말을 그대로 받아들이기 힘들다. 의심을 당하는 쪽도 괴롭지만 의심하는 쪽에서도 괴롭기는 마찬가지다. 그나마 이건 문제를 일으킨 당사자와 겪는 갈등이지만 더 큰 문제는 바람을 피운 연인과 헤어지고 다른 연애를 시작하더라도 여전히 상대를 믿지 못해 고통스러워한다는 것이다. 한번 깨진 신뢰는 그 연인과의 연애뿐 아니라 그다음 연애에도 지대한 영향을 끼친다.

내게 상담을 받으러 온 여성 중 남자 친구를 믿지 못해 힘든 날을 보내고 있는 사람이 있었다. 그녀는 남자 친구의 신용카드 사용 내역서에 찍힌 결제 시간과 상대의 말을 비교해 가며 남자 친구의 행적을 추궁할 정도로 상대를 믿지 못했는데, 남자 친구가 못 믿을 사람이어서가 아니라 바로 전 남자 친구가 그녀를 감쪽같이 속이고 몇 번이나 바람을 피웠기 때문이다. 그녀는 남자 친구의 신용카드 사용 내역서에 아무런 문제가 없어도 현금을 써 가며 딴짓을 했을 거라 생각하는 등 자신이 남자 친구 옆에 없는 모든 시간을 믿지 못했다. 당연한 결과이겠지만 두 사람 사이에는 불화가 끊이지 않았다. 여자는 남자를 믿지 못했고 남자는 자신을 전혀 믿지 않는 여자 때문에 고통받았다. 그녀는 전 연인이 피운 바람에 대한 트라우마가 워낙 강한 나머지 아무리 상대를 믿으려고 해도 잘 되지 않아 괴로워했다.

어떤 남성은 여자 친구가 자신의 친한 친구와 바람을 피웠으나 이를 용서하고 계속해서 관계를 이어 갔다. 하지만 표면적으로 용서했다고는 하나 여자 친구를 진심으로 용서한 것은 아니었다. 여자 친구가 새로운 장소를 알고 있으면 예전에 바람 피운 그 녀석이랑 갔던 곳이냐 묻고 심지어 잠자리에서도 지금 누구를 생각하냐고 추궁하기 일쑤였다. 결국 그의 여자 친구는 바람을 피운 것은 잘못했지만 더는 이렇게 관계를 지속할 수 없다며 그의 곁을 떠나 버렸고, 그는 바람 피운 것도 모자라 자신을 떠나기까지 한 여자를 절대로 용서할 수 없다고 했다.

이 두 가지 사례에서 볼 수 있듯 바람은 한 사람의 영혼을 완전히 망가뜨리게 된다. 헤어지든 용서하든 새로운 사람을 만나든, 어떤 것으로도 이전 상태로 돌아갈 수는 없다. 그렇다면 사람들은 왜 타인에게 씻을 수 없는 상처를 주면서까지 바람을 피우는 것일까? 그건 순전히 이기적인 마음 때문이다. 아무도 모른다면 그 누구에게도 문제될 것이 없다고 생각한다. 하지만 누군가를, 그것도 사랑하는 사람을 속인다는 것은 들키고 들키지 않고를 떠나서 그것 자체로 문제가 된다.

바람을 한 번도 안 피우는 사람은 있어도 한 번만 피우는 사람은 없다고 앞서 말했듯 바람은 딱 이번 한 번만으로 끝나지 않는다. 한 번 무너진 도덕심은 다음이라고 해서 쉽사리 회복되지 않으며 오히려 전보다 더 손쉽게 더 자주 바람 피울 기회들을 찾게 된다.

그들은 바람을 피우면서 느꼈던 짜릿함과 누군가의 눈을 피해 가며 만나는 스릴에서 벗어나지 못한다. 이런 사람들은 안정된 관계 속에서 행복을 찾는 것이 아니라 자극적이고 위험한 것에서 만족감을 느낀다. 두 사람에게 동시에 사랑받고 있다는 생각에 자신이 마치 대단한 사람이 된 것처럼 느끼기도 한다.

연애를 하면서 바람을 피우던 사람은 결혼을 해서도 똑같은 일을 반복한다. 결혼을 하면 정신을 차리거나 달라지리라는 기대 같은 건 하지 않는 게 좋다. 이들은 대개 결혼 전보다 더 적극적으로 바람 피울 대상을 찾기도 하는데 연인 관계를 끝내는 것보다 결혼 생활을 종결하는 편이 훨씬 더 어렵다는 걸 알기 때문에 그만큼 상대가 눈 감아 주고 넘어갈 확률이 높다는 것 또한 잘 알고 있다.

바람을 피우는 사람의 특징은 어떻게든 바람의 원인을 자기 자신이 아닌 타인에게서 찾는다는 것이다. 이들의 핑계는 다양하다. 현 연인에 대한 불만이나 부족한 부분이 바람을 피우는 원인이라고 말하기도 하고 때로는 새로운 사람이 너무 매력적이거나 자신에게 적극적으로 다가와서 유혹을 이기지 못했다고도 한다. 어찌 되었건 자신이 바람을 피우겠다고 마음먹고 실행한 사람이라는 사실은 좀처럼 인정하지 않는다. 모두 상황이나 상대방 때문이고 자신은 어쩔 수 없는 희생자처럼 이야기한다. 이들은 전 연인을 속여야 하는 죄책감에 괴로워하는 척하기도 하지만 그건 거짓말이다. 정말로 죄책감이 든다면 당장 그 행위를 멈추어야 하는데 그러지 않기 때문이다. 죄책감은 말뿐이고 계속해서 연인을 속이고 다른 사람을 만나 즐기는 행동을 반복한다.

물론 바람을 피우는 사람의 심리적 요인은 아주 단순하지만은 않다. 지속적으로 바람을 피우는 사람의 성장 환경이나 전 연애에 대한 트라우마 등등을 살펴보면 어떤 이유가 있다. 하지만 그 모든 것을 감안해도 여전히 바람을 피우는 사람의 잘못이 가장 큰 원인이다. 그러니까 단순하게 즐기고자 바람을 피우는 게 아니라 설사 다른 이유가 있다 하더라도 바람은 바람이다.

　내게 오랫동안 상담을 받던 여성 중 남편과 주말부부로 지내면서 계속 사람을 만나고 바람을 피우는 케이스가 있었다. 그녀의 이야기에 따르면 어린 시절 어머니가 바람을 피워 온 식구들이 고통을 받았고 그걸 보고 자랐기 때문에 자신이 도덕적으로 불완전한 사람이 되었다고 하지만 그게 바람의 면죄부가 될 수는 없다. 그녀는 바람을 멈추기 위해서가 아니라 내연남이 자신을 사랑하지 않을까 봐 걱정이 되어 상담을 받는 것이었다. 이런 상황이라면 그녀가 말하는 바람 피우는 이유도 한낱 변명에 지나지 않는다고 봐도 무관할 것이다. 바람을 피우는 사람들은 어떻게든 바람 피울 이유와 핑계를 찾는데 그녀도 마찬가지였다. 장식처럼 어머니에 대한 트라우마를 달고 있을 뿐 그녀가 진짜로 바람을 피우는 이유는 낮은 자존감으로 인해 끊임없이 남자들의 선택을 받고 사랑받는 것으로 자기 자신이 괜찮은 사람임을 증명받기 위해서였다.

　만약 당신이 바람 피우는 연인을 용서하고 계속 만나겠다고 선택했다면 명심하길 바란다. 바람은 절대 단 한 번의 실수로 끝나지 않는다는 사실을 말이다. 심지어 바람은 실수가 아니라 엄연한 선택이다. 그저 잘못의 무게를 줄이기 위해 실수라고 말할 뿐이다. 손에서

컵이 미끄러지는 것이 실수이지 본인의 의지로 컵을 바닥에 내동댕이치는 것을 실수라고 하지는 않는다. 그 사람은 당신이라는 컵을 땅으로 떨어뜨린 것이고 당신이 어떻게 될지를 이미 알고 선택한 것이다. 실수가 아닌 잘못된 선택은 또다시 반복될 수 있다. 당신이 아무리 철저하게 감시하고 상대가 아무리 다시는 잘못을 되풀이하지 않겠다고 맹세해도 언제 어디서든 얼마든지 반복될 수 있다는 사실을 명심하길 바란다.

진실보다 더 중요한 것은
진실의 내용

그래서는 안 될 일이지만 세상에는 다른 사람의 여자 또는 남자를 사랑하게 되는 사람들도 있다. 이런 경우 대개는 상대를 속여서 연애하는 것 같지만 대부분의 사람들이 오히려 솔직하게 자신이 기혼자임을 오픈하고 상대를 만난다. 아니 몰랐으면 모를까 상대가 기혼자라는 걸 알면서도 연애할 사람이 어디 있을까 싶겠지만 그런 경우는 당신이 생각하는 것보다 훨씬 더 많다. 그렇다면 상대가 기혼인 줄 알면서도 연애하는 사람들은 왜 그렇게 되는 걸까?

그들은 바로 '진실한 것은 좋은 것이고, 좋은 것은 옳은 것'이라는 딜레마에 빠졌기 때문이다. 즉 진실의 내용은 접어둔 채 상대가 진실했다는 사실만 보게 되는 것이다. 물론 미혼인 척 거짓말하는 것보다 사실대로 솔직하게 말하는 편이 덜 나쁘기는 하겠지만 문제는 상대가 진실했다는 것에 눈이 멀어 정작 제대로 봐야 할 그 진실이 무엇인지는 놓치게 될 수도 있다는 것이다.

20대 후반의 A 양은 현재 유부남을 사귀고 있다. 1년 전 데이팅 앱을 통해 만난 두 사람, 남자는 첫 만남에서부터 자신이 유부남이라는 사실을 숨김없이 밝혔다. 평소 유부남을 만나는 것은 옳지 않다 생각했지만 그녀는 상대가 자신을 속이지 않고 솔직하게 다 이야기했다는 것이 매우 중요하다고 생각했다. 자신을 단지 '엔조이' 상대로 생각했다면 굳이 유부남이라는 사실을 말하지 않았을 거라는 생각이었다. 어차피 자신은 결혼할 생각이 없으므로 남자 친구가 유부남이라는 사실이 그리 큰 문제는 아니라고 느꼈다. 오히려 그녀는 남자 친구가 아내와 잘 지내길 바라며 행여 자신 때문에 사랑하는 남자 친구가 불행해지는 것을 절대 원하지 않았다. 자신은 보통의 내연녀와는 다른 그의 진정한 사랑이니까.

여기서 A 양이 잘못 생각하고 있는 부분은 크게 세 가지이다. 첫째, 상대가 유부남임을 솔직하게 밝힌 이유이다. 물론 A 양의 말처럼 남자는 자신이 유부남임을 얼마든지 속일 수 있었다. 그러나 A 양을 생각해서가 아니라 자신의 편리를 위해 말한 것에 불과하다. 여자 둘을 속이는 것보다 한 사람만 속이고 그 거짓말을 유지하기 위해 다른 한 사람의 협조를 받는 것이 바람을 피울 때 훨씬 수월한 상황임을 이 유부남은 이미 경험을 통해 알고 있는 것이다. 유부남인데도 데이팅 앱을 통해서 적극적으로 바람 피울 대상을 찾고 있었다는 것이 바로 그 증거이다. 어쩌다 교통사고처럼 일어난 사랑이 아니라 이미 계획된 불륜이었다고 봐야 한다.

둘째, 그가 솔직하게 말한 것이 결코 유부남이라는 사실에 대한 면죄부는 될 수 없다는 점이다. 만약 그가 A 양을 속이고 만났다면 그저 더 나쁜 인간이 될 뿐이다. 100만 원을 훔치나 150만 원을 훔치나 금액의 차이만 있을 뿐 나쁜 것은 똑같다. 100만 원을 훔친 사람에게 150만 원에 비해 적은 금액을 훔쳤으니 도둑질이 아니라고 말하지 않는다. 그러니까 이건 나쁜 것과 나쁘지 않은 것의 비교가 아니라 나쁜 것과 더 나쁜 것의 비교일 뿐이다.

셋째, 그녀가 어차피 결혼을 하지 않을 것이기 때문에 그가 유부남이어도 상관이 없다는 대목이다. 물론 그녀가 결혼을 생각하지 않는다면 상대로도 결혼 생각이 없는 사람을 만나는 편이 더 좋을 것이다. 하지만 결혼 생각이 없는 것과 결혼을 할 수 없는 것은 아예 다른 얘기다. 즉 A 양과 마찬가지로 비혼이면서 앞으로 결혼할 계획이 없는 사람을 만나는 것과 현재 혼인 생활 중이기 때문에 이혼하지 않고서야 또다시 결혼할 수 없는 사람을 만나는 것은 완전히 다른 문제이다.

그리고 그녀가 결혼하지 않겠다는 생각을 하게 된 이유에 유부남인 남자 친구의 영향이 전혀 없었을지도 생각해 볼 문제이다. 어쩌면 A 양은 결혼에 대해 제대로 고민하고 생각해서 비혼을 결정한 것이 아니라 남자 친구가 유부남이기 때문에 어차피 가능성이 없는 일을 애써 자신의 비혼주의로 포장하고 있는지도 모른다. 만약 유부남 남자 친구가 지금 아내와의 결혼 생활을 정리하고 A 양과 결혼하고 싶다고 말해도 여전히 비혼을 주장할지는 알 수 없는 일이다.

끝으로 하나 더 덧붙이자면 그녀는 남자 친구의 행복한 결혼 생활을 빌어 주고 있는데 그 마음의 이면에 자리한 진짜 이유를 살펴볼 필요가 있다. 아내와 이혼할 것을 종용하고 트러블을 일으켜 버림받느니 차라리 이해심 많은 착한 여자 친구로 남는 쪽을 선택한 것인지도 모른다. 그렇지 않으면 유부남 남자 친구는 언제든 A 양을 버리고 데이팅 앱으로든 어디로든 새로운 불륜 대상을 찾아 나설 수 있으니까 말이다.

유부남 남자 친구의 입장이 되어 생각해 보면 A 양만큼 바람 피우기에 적당한 상대는 없을 것이다. 자신이 유부남이라는 사실을 이미 알고 있기 때문에 딱히 눈치를 보거나 거짓말을 할 일도 없으며 게

다가 아내와 잘 지내기를 바란다고 하니 자신의 결혼 생활을 별 탈 없이 유지하는 데 더없이 협조적일 것이다. 그리고 A 양 스스로 아예 결혼할 마음이 없다고 하니 적어도 자신이 버리기 전에는 그녀가 결혼을 이유로 헤어지자는 말을 하지도 않을 것이다. 한마디로 바람을 피우기에 최고의 상대를 만난 셈이며 이를 위해 그가 한 일이라고는 그저 유부남이라는 사실을 솔직하게 말한 것뿐이다.

우리 주변을 보면 A 양처럼 '솔직하면 그게 뭐든 좋은 거다'라는 딜레마에 빠져 연애하는 사람들을 볼 수 있다. 진실의 내용보다는 진실하다는 것 자체에 포커스를 맞추는 바람에 진실이 무얼 의미하는지는 제대로 생각해 보지 못하는 것이다.

위 사연에서 보듯 상대가 솔직하고 솔직하지 않고는 그 내용부터 먼저 살펴보고 감안할 문제이다. 물론 속이는 것보다는 속이지 않는 편이 덜 나쁠 것이다. 하지만 속이지 않았어도 그 진실의 내용이 나쁜 것이라면 그건 그냥 나쁜 것이다. 숨기지 않고 솔직하게 말했다고 해서 나쁨이 나쁘지 않음이 되지는 않는다. 솔직함과는 별개로 그 내용은 여전히 남아 있으며 솔직하게 이야기한 내용에 대해 고민해야지 그건 덮어 둔 채 나에게 솔직했다는 것만 가지고 나를 진지하게 생각하거나 사랑한다는 증거로 받아들여서는 안 된다.

언뜻 보기에 상대는 솔직함으로써 내게 선택권을 주는 것 같겠지만 절대 아니다. 상대는 바로 이 솔직함을 눈가리개 삼아 자신이 말하는 진실의 나쁨을 가리려고 하는 것이다. 진실의 내용이 나쁘면 나쁠수록 솔직함에 대한 점수는 더 크게 주어지고 그 점수는 어느덧 나쁜 진실을 덮게 된다. 만약 지금 당신의 연인이 솔직함을 무기로 나쁜 진실을 가리려고 한다면 솔직함이 아닌 솔직하게 밝힌 내용이 무엇인지 보길 바란다. 그 사람과 관계를 이어 갈지 말지는 솔직함이 아닌 진실의 내용에 따라 달라져야 한다.

무조건 탈출해야 하는
연애 유형

처음 연애를 시작할 때에는 온통 꽃길만 펼쳐지고 이제 행복할 일만 남은 것 같지만 막상 연애를 해 보면 여러 가지 문제들이 발생하게 된다. 물론 연애를 하면서 크고 작은 문제가 생기는 건 당연하지만 때로는 도저히 해결 불가능하거나 아무리 노력해도 안 되는 문제도 있다.

사실 연애한다고 해서 연애를 안 하는 것보다 무조건 다 좋은 것은 아니다. 어떤 연애는 분명히 나를 피폐하게 만들고 자신을 갉아먹는다. 이런 경우 말 그대로 안 하느니만 못한 연애가 될 수 있는데 만약 당신의 연애가 아래 언급된 상황에 하나라도 해당된다면 차라리 행복한 솔로가 되거나 이 연애는 그만 마침표를 찍고 다음 연애를 준비하기를 권한다.

1. 폭력적인 연애

흔히 폭력이라고 하면 물리적인 폭력만 생각하겠지만 언어폭력도 엄연한 폭력이다. 평소에는 너무도 좋은 사람인데 싸우거나 의견 충돌이 생기면 돌변하여 물리적 폭력을 휘두르거나 언어폭력을 일삼는다면 그 사람과의 연애는 그만 끝내는 것이 좋다.

나에게 직접 신체적인 위해를 가하지 않더라도 물건을 부수고 던지고 소리 내어 함부로 다루는 행위가 모두 물리적 폭력에 포함된다. 폭력 그 자체로 위협적인 상황뿐 아니라 공포 분위기를 조성하는 모든 경우가 다 폭력에 해당된다고 보면 된다.

욕설을 비롯해서 소리를 지르거나 상처 주는 말을 하는 행위 등이 언어폭력에 해당되는데 이러한 일이 계속해서 반복되면 이건 연애라기보다는 나를 갉아먹는 소모적인 고통이 된다. 여기서 가장 중요한 것은 폭력은 반드시 진화한다는 사실이다. 지금은 작은 폭력으로 시작하지만 갈수록 강도가 더해지므로 폭력이 발생하면 두고 보거나 참지 말고 즉시 관계를 중단하는 게 중요하다.

2. 매일 싸워야 하는 연애

가랑비에 옷 젖는다는 말이 있듯이 심각한 문제로 크게 싸우지는 않아도 연애하는 내내 서로 신경이 곤두서서 사사건건 부딪친다면 그건 결코 작은 문제가 아니다. 아무리 사소한 문제여도 매일 의견 충돌이 생기고 그걸로 계속해서 싸우게 된다면 그 연애는 서로에게 큰 고통을 주게 된다. 보통 싸움의 내용이나 강도가 중요하다고 생각하겠지만 횟수나 빈도도 못지않게 중요하다. 큰 싸움으로 발전하지 않고 작은 신경전에 그치더라도 거의 매일 반복된다면 연인 사이는 결코 좋아지기 힘들며, 그런 것들이 쌓여서 언젠가는 서로에게 상처만 남긴 채 끝나게 된다.

3. 나만 하드 캐리 하는 연애

여러 번 강조한 대로 모든 연애는 나와 상대의 지분이 각각 50%이다. 물론 이 비율이 정확히 지켜지기는 어렵겠지만 내가 연애를 끌고 가는 비중이 70%를 넘는다면 그 관계는 심각한 불균형 상태에 놓였다고 볼 수 있다. 나의 비중이 70% 정도 된다면 거의 내가 이 연애를 억지로 짊어지고 있다고 봐도 무방하다. 70%라는 숫자가 와닿지 않으면 내가 상대에 비해 두 배 이상으로 노력하고 애써야 하는 관계라고 이해하면 된다. 상대는 관계의 유지와 발전을 위해 거의 노력하지 않는데 나 혼자만 계속해서 애써야 한다면 이 연애는 당장 힘든 것이 문제가 아니라 내 자신감과 자존심마저 크게 떨어뜨릴 수 있다.

혼자 노력해서 끌고 가는 상황이 일시적이라면 그 시기만 잘 넘기면 되겠지만 연애 초기부터 시작해서 중기에 접어들어도 여전히 이 비율이 변하지 않는다면 과도하게 애쓴 나머지 결국 에너지만 소모하고 지치게 된다. 사랑은 주기만 해서는 안 된다. 사랑은 주고받는 것이지 나만 사랑과 노력을 쏟아부으며 일방적으로 희생하고 헌신하는 것이 아니다.

4. 상대의 보호자나 보조자가 되어야 하는 연애

사랑을 하면 상대방을 잘 챙기고 뭐든 해 주고 싶은 게 인지상정이지만 잘해 주는 일이 아예 고정적으로 당연시된다면 그 연애는 문제가 있다. 내가 상대방을 마치 그의 엄마나 아빠처럼 챙겨 주어야 하고 상대방은 나 없이 아무것도 할 수 없다면 나는 연인이 아니라 부모님이나 보호자에 가깝다. 당연한 얘기지만 상대의 연인이 되어야지 그 사람의 부모나 보호자가 되어서는 안 된다.

잘못된 연애의 또 다른 형태로 상대가 자신의 존재 혹은 자신이 하는 일만 중요하게 여기고 당신은 별것 아닌 보조자 취급을 하는 경우가 있다. 상대를 위해 당신의 스케줄이나 일을 얼마든지 양보하고 희생하는 것이 당연하다면 당신과 상대를 결코 동등한 관계로 볼 수 없다. 상대가 소중한 사람이라면 당신 또한 소중하며, 상대의 일이 중요하다면 당신의 일도 중요하다. 상대를 위한 보호자든 보조자든 형태를 막론하고 당신을 희생하는 것이 당연한 연애는 결국 당신 자신을 아무것도 아닌 사람, 상대를 위해 존재하는 사람으로 전락시킨다.

5. 일이나 커리어에 방해가 되는 연애

얼마 전 한 남자 연예인이 연인 관계에 있던 여자 연예인의 과도한 개입으로 일에 불성실하게 임하여 그 일과 관련된 여러 사람이 피해를 본 사례가 있었다. 비록 당사자들은 연인 사이에 있는 흔한 사랑 다툼이라고 말했지만 그 정도로는 도저히 설명되지 않을 만큼 당사자의 무책임함 때문에 함께 일하는 모든 사람이 심각한 고통을 겪은 사건이었다.

이 사례에서 볼 수 있듯이 아무리 사랑하는 사람이어도 내 일이나 커리어에 심각한 지장을 준다면 연애뿐 아니라 내 인생 전반에 걸쳐 심각한 악영향을 미칠 수 있다. 상대가 자기와 연애하려면 일하는 시간을 줄이거나 일을 관두라는 식의 말도 안 되는 요구를 했을 때 이를 '사랑하니까' 같은 이유로 들어줘서는 절대 안 된다. 만에 하나 연애는 끝이 나더라도 다음 사람을 만나 새롭게 다시 시작할 수 있지만 한번 금이 간 내 커리어와 일은 다시 회복되지 않는다.

6. 모두가 'NO'라고 말하는 연애

때로는 내 연애의 문제를 내가 잘 모를 수도 있다. 왜냐하면 내 연애에는 도저히 객관적일 수 없기 때문이다. 그럴 때는 주변 사람들의 의견도 들어 볼 필요가 있는데 만약 나를 제외한 모든 사람이 이 연애를 반대한다면 그건 분명히 문제가 있다. 내 주변인은 대부분 나의 편일 것이다. 그런 사람들이 한목소리로 이 연애를 반대한다면 이는 나에게 명백하게 해가 되는 나쁜 연애이기 때문이다. 어느 한두 사람 혹은 이해관계나 특수한 상황에 놓인 사람이 아니라 대부분이 그렇게 말한다면, 연애하는 동안에는 모르겠지만 끝나고 나면 왜 모두들 그만두라고 했는지 뼈저리게 느끼게 될 것이다.

7. 웃는 날보다 우는 날이 더 많은 연애

우리는 결국 행복해지기 위해 연애를 한다. 하지만 연애하는 동안 이유를 막론하고 좋은 날보다 힘들고 고통스러운 날이 훨씬 더 많다면 그건 연애의 목적에 정면으로 반하는 일이라고 볼 수 있다. 물론 연애하다 보면 누구나 때로 눈물을 흘리겠지만 매일 우는 연애, 웃는 날보다 우는 날이 더 많은 연애는 굳이 계속할 필요가 없다. 행복하자고 연애하는 건데 눈에 눈물이 마를 날이 없다면 과연 제대로 된 연애라고 볼 수 있을까? 다시 말하지만 연애의 목적은 행복이며 연애하는 지금 불행하다고 느낀다면 그 연애는 당장 그만둬야 한다.

8. 경제적으로 나를 힘들게 하는 연애

연애를 하기 위해서는 당연히 돈이 든다. 하지만 적정 수준을 벗어나 내 생활에 지장을 줄 정도로 지출이 크거나 심하게는 빚을 져야 할 지경이라면 그 연애는 명백하게 나의 현재는 물론이고 미래마저도 갉아먹게 된다. 상대가 원한다고 해서 감당할 수 없는 고가의 선물을 하거나 상대의 환심을 사기 위해 끊임없이 물질적으로 무언가를 주고 있다면 그 연애는 사랑이 아닌 당신의 돈이 끌고 가는 연애이다. 우리는 사랑하는 사람에게서 절대로 물질적인 이득을 취하려 들지 않는다. 그런데 당신의 연인은 왜 비싼 데이트를 원하고 그 비용은 모두 당신에게 전가하며 당신의 경제 상황은 전혀 고려하지 않은 고가의 선물을 받고 싶어 할까(대개 고가의 선물이란 상대가 자기 돈 주고도 사기 힘들다는 점이 포인트다)? 당신을 전혀 사랑하지 않기 때문이다. 백번 양보해도 당신을 사랑하는 게 아니라 당신의 돈을 사랑하는 거다.

9. 나의 자존감을 낮추는 연애

연애하는 동안 상대가 계속해서 나를 비난하고 지적한다면 자신감을 잃게 된다. 자신감을 잃은 상태가 오래 지속되다 보면 결국 자기 자신을 믿지 못하고 스스로를 가치 없는 인간으로 여기게 된다. 내게 절대적인 존재감을 가진 사람에게 지속적으로 부정적인 영향을 받는다면 정신적으로 매우 피폐해지고 결국 자존감도 매우 낮아지게 된다. 이것이 문제가 되는 이유는 한번 낮아진 자존감은 좀처럼 회복하기가 쉽지 않기 때문이다(왜 서점의 자기 계발서 코너에 자존감 향상에 도움되는 책이 가득한지를 생각해 보자).

건강한 연인 관계란 서로를 믿어 주고 뭐든 잘할 수 있다고 용기를 북돋아 주는 사이이다. 나에 대해 늘 부정적인 얘기만 하는 사람은 결코 좋은 연애 상대가 아니며 그런 사람과의 연애는 결국 나에게 나쁜 영향을 미치게 된다.

10. 에로스에만 치중된 연애

가장 균형 잡힌 성인의 연애는 플라토닉과 에로스가 함께 공존하는 형태이다. 하지만 때로는 에로스에만 치중한 연인을 보게 된다. 대화 혹은 공감과 교감을 나눌 수 있는 기타 다른 것들 없이 만나면 오직 침대로 직진하는 연애는 온전한 모습이라고 볼 수 없다. 성생활은 연애의 일부분이고 꽤 중요한 것은 사실이나 절대로 연애의 전부는 아니다. 당사자들은 그 관계를 연애라고 볼지 모르겠지만 객관적인 관점에서 그 관계는 연인보다 파트너 사이에 가깝다. 물론 성인이 파트너를 두는 것은 개인의 자유지만 그걸 연애나 사랑으로 착각하는 건 곤란하다.

나를 갉아먹고 소모시키는 연애의 가장 큰 특징은 내 중심에 내가 아닌 상대방이 주인으로 들어와 있다는 점이다. 어떠한 관계에서든 자신이 자기 안의 중심으로 자리 잡아야 한다. 연인이든 누가 되었든 중심 자리를 타인에게 내주는 일은 결국 나를 망치는 가장 큰 지름길이다. 연애도 좋고 사랑도 좋지만 일단 내가 스스로의 주인이자 중심이어야 하며, 나를 아프게 하거나 다치게 하는 연애는 결코 건강한 연애가 아니다.

잘 헤어져야 하는
이유

연애를 시작하기 전에 혹시 이런 경험을 해 본 적이 있는지? 상대가 이전 연애를 이야기하며 그때의 일이 트라우마로 남아 좀처럼 사람을 만나기가 쉽지 않다고, 마음을 여는 것도 사람을 믿는 것도 어렵다는 말을 하며 당신과의 연애를 망설이는 상황 말이다. 반대로 당신이 이러한 입장이 될 수도 있다. 지난 연애의 상처로 인해 새로 연애하기가 두렵고 어쩌면 다시 연애 따위는 하고 싶지 않다는 느낌이 들 수도 있다. 이 모든 것들이 전 연애에서 받은 상처가 아직 제대로 아물지 않아서이다.

사실 연애는 천년만년 계속되지 않는다. 지금이야 이 사람과 영원히 함께할 것 같지만 안타깝게도 연애는, 그리고 사랑은 각종 시시콜콜한 이유로 끝이 나기도 한다.

만약 전 연애의 상처가 다 아물지 못한 상황에서 다른 연애를 시작하면 어떤 일이 벌어질까? 앞에서 말한 걱정의 거의 대부분이 현실이 된다. 예를 들어 전 연인이 바람을 피운 일이 있었다면 현재의 연인은 전혀 그러지 않음에도 불구하고 혹시 나 몰래 바람을 피우지 않을까 늘 불안해진다. 전 연인과 굉장히 깊은 신뢰를 형성했다고 믿었는데 너무 사소한 일로 헤어지게 되면 다음부터는 사랑을 하는 것을 두려워하게 되어 마음이 닫히게 된다.

물론 이별 후 지난 연애를 충분히 잊고 극복한 후에 다음 연애를 시작하는 것이 가장 좋으며, 지난 저서들에서 이런 기간을 전 연애에 대한 일종의 애도 기간으로 표현했었다. 하지만 세상을 살다 보면 때로는 아직 상처가 채 아물지 않았음에도 불구하고 다음 연애를 시작해야 하는 상황도 얼마든지 있을 수 있다. 지난 연애의 상처가 아물지 않은 상태에서 새로운 연애를 해야 한다면 어떻게 하는 게 좋을까?

우선 충분하지는 않더라도 최소한의 애도 기간은 가져야 한다. 이 기간은 만난 기간에 따라 다르겠지만 통상적으로 볼 때 적어도 이별 후 석 달 정도 연애를 쉬는 게 좋다. 이 기간 동안 연애로 인해 달라졌던 자신의 면면이 본래의 모습을 찾아 가게 될 것이고 동시에 헤어진 상대방을 잊는 시간이 될 것이다. 완전하게 다 잊기까지는 시간이 더 걸리겠지만 말했다시피 이건 최소한의 기간이다. 만약 그 안에 새로운 연애를 시작한다면 지난 연애로 인한 습관도 아직 그대로일 것이고, 새로운 연인과 전 연인을 자꾸 비교하거나 때로는 지금 이 사람에게서 전 연인의 모습을 찾는 부작용이 발생하게 된다.

다음으로 스스로 전 연애에 대한 끝을 인정해야 한다. 재회를 바라거나 혹은 전 연애와 같은 사랑을 다시는 하지 못할 거라는 비관적인 생각에 빠져 있다면 새로운 사랑을 시작할 마음의 준비가 전혀 안 된 상태라고 볼 수 있다. 슬프지만 전 연애와 사랑이 끝났다는 것을 인정하고 앞으로 새로운 사랑이 올 수도 있다는 생각 정도는 들어야 다음 연애를 할 수 있는 최소한의 준비가 된 상태이다.

마지막으로 새로운 연애의 시작에 상대를 만나 사귀고 싶다는 목적 이외에 그 어떤 다른 이유도 있어서는 안 된다. 지난 연인을 잊기 위해서라든가 전 연애를 하는 동안 익숙했던 데이트가 그리워서 새 연애를 시작하지는 말아야 한다.

잘 헤어져야 하는
이유

말했다시피 전 연애는 어떻게든 흔적을 남기고 때로는 현재의 연애에 지대한 영향을 미치기까지 한다. 그러므로 현재뿐 아니라 다가올 미래의 연애를 위해서라도 무조건 잘 헤어져야 한다.

아무리 헤어지는 마당이라도 상대에게 너무 심한 상처를 주거나 몹쓸 행동과 말을 하지 말아야 한다. 한때는 사랑했던 사람인데 마지막이라고 해서 함부로 대한다면 그건 내가 보낸 시간과 마음에 대한 모욕이다. 반대로 상대가 나와의 헤어짐을 앞두었거나 이별하는 과정에서 지나치게 상처를 준다면 무조건 피하라고 말하고 싶다. 그 상처를 고스란히 다 받아 내고 내가 더 잘하겠다고 설득해 봐야 그 연애는 이미 제대로 굴러갈 수 없다. 상처는 상처대로 받고 이별은 이별대로 겪으니 어차피 올 이별이라면 굳이 상처까지 더하지는 않길 바란다.

헤어지는 이유를 모르겠다면 굳이 알려고 하지 말자. 대단한 사건이나 사고가 없다면 그저 이 사랑의 유효기간이 끝났기 때문일지도 모른다. 세상에 영원한 건 아무것도 없을뿐더러 인간의 감정이 하는 일인 연애는 더더욱 영원하지 않다. 그러므로 설사 이유를 모른다 하더라도 알아내려 너무 골몰하지 않길 바란다. 헤어짐의 이유를 알아

본답시고 상대방에게 계속 묻는 것도 금물이다. 만약 상대도 딱히 내세울 만한 이유가 없다면 그렇게 계속 연락해 오는 당신에게 줄 수 있는 건 상처뿐이다.

연애의 시작이 아름답기를 바라듯 끝도 그러하길 바라야 한다. 물론 세상에 아름다운 이별 같은 건 없는지도 모른다. 어떤 이별이든 다 아프고 슬플 테니 말이다. 하지만 적어도 그 끝이 굳이 험할 필요는 없다. 지금의 연애를 잘 마무리해야 내가 입을 타격을 최소화할 수 있으며, 다음 연애를 할 수 있는 시기를 훨씬 더 앞당기는 동시에 다음 연애를 건강하게 시작할 수 있다. 그러므로 지금의 나와 미래의 나를 위해 무조건 잘 헤어져야 한다. 당장 이 사랑을 끝낼 수 없다는 마음에 온갖 무리를 하다 보면 과거의 나를 유지하겠다고 미래의 나를 망가뜨리는 꼴이 된다.

마지막으로 헤어지고 난 다음 새로운 사람을 만났다면 그 사람은 그 사람 자체로 보길 바란다. 지난 사람과 비교하지도 말고 지난 연애와 비슷하거나 혹은 완전히 달라야 한다는 생각에 사로잡히지 않길 바란다. 새로운 연인은 지난 사랑의 상처를 치유해 주러 온 사람도 아니고 지난 연인보다 무조건 나은 무언가를 제공하기 위해 온 사람도 아니다. 그 사람은 그냥 새로운 사랑일 뿐이며 그 사랑은 바로 지금, 현재에 시작되었기에 의미가 있다.

헤어진 다음 날의
고통에 대하여

  사랑하는 사람과 연인 관계가 되고 연애가 시작되면 언제까지고 계속해서 관계가 유지될 것 같겠지만 불행하게도 현실은 그렇지 않다. 모든 연애는 만남이 있으면 언젠가는 헤어짐도 존재한다. 단 만남은 두 사람 모두의 합의가 필요하지만 이별은 그렇지 않다. 그래서 내가 원치 않는 이별을 통보받기도 하고 때로는 통보하는 입장이 되기도 한다.

  사실 이별을 통보하는 입장에서도 '이런 말 하는 내 마음도 편치 않다'고 하겠지만 냉정하게 말해서 이별 통보를 받는 사람만큼 괴롭고 힘들지는 않다. 아직은 헤어질 수 없다는 생각에 화도 내 보고 설득도 하고 매달려도 보지만 이별을 되돌리기란 그리 쉬운 일이 아니다.

하지만 내가 동의하지 않고 이별을 받아들일 수 없음과 상관없이 이별은 진행된다. 처음 연애를 할 때는 두 사람 모두 한마음으로 시작하지만 이별은 어느 한쪽의 마음만으로도 얼마든지 가능하기 때문이다. 이렇게 남겨진 사람은 당연히 굉장한 정신적 고통을 겪게 되고 이 고통이 생기기 전으로 돌아가는 유일한 방법인 재회를 꿈꾸게 될 수밖에 없다.

헤어진 연인이 다시 만날 확률은 85%나 된다. 그러나 재회한 커플 중에서 다시 헤어지지 않고 계속해서 연애하는 커플은 25%에 불과하다. 당신이 지금 꿈꾸는 재회는 그러니까 1차적으로 85% 안에 들어야 하며 또다시 그중에서 25%에 속해야 가능한 일이라는 뜻이다.

헤어진 연인이 다시 만나 사귈 확률이 85%나 되는 이유는 때로는 진심으로 헤어지고 싶어서 이별을 고하는 것이 아니라 그 정도로 화가 났고 속상하다는 표현으로도 쓰기 때문이다. 또 첫 이별의 경우 대개는 돌아서는 쪽도 그리 냉정하지 못해서 상대가 잡으면 마음이 쉽게 약해지기도 한다.

하지만 이 사람들이 또다시 헤어지는 확률이 75%나 되는 이유는 바로 이별의 원인이 되었던 문제를 명확히 해결하지 않고 그냥 되돌렸기 때문이다. 처음 재회했을 때는 다시 만난 만큼 서로 어느 정도 눈치를 보고 맞춰 가지만 시간이 지나면 처음 헤어지려고 했던 이유가 다시 수면 위로 떠오른다. 그러니 설령 재회가 이루어져도 다시 이별하지 않고 계속해서 연애를 이어 가는 것은 굉장히 어렵다.

단 한 번이라도 진심으로 사랑했던 사람과 이별한 경험이 있는 사람들은 알겠지만 헤어짐의 고통이란 상상을 초월한다. 잠을 잘 수도 없고 밥을 먹을 수도 없으며 하루 종일 어떻게 하면 이 관계를 되돌릴 수 있을까, 하는 생각뿐이다. 이때의 고통을 신체적 고통으로 치환하면 팔 한쪽이 실제로 절단되는 정도와 맞먹는 정신적 고통을 느낀다는 연구 결과도 있다. 팔 한쪽이 절단되는 고통은 신체 고통지수 중에서도 상위에 포함된다. 이별한 연인은 말로만 마음이 찢어지는 것이 아니라 실제로 가슴이 찢기는 듯한 고통에 시달리게 되는 것이다.

이 정도의 고통을 느끼면 도저히 평정심을 유지할 수 없으며 이렇게 힘든 상태가 오래 지속되면 우울증으로 발전할 가능성도 있다. 연인과 헤어진 사람 대부분이 일상을 영위하는 일에 어려움을 느끼며 슬픔이라는 감정 이외에도 심한 자책과 무기력증을 동시에 느끼는데 이는 이별이 우울증의 필수 요소와 상당히 닮아 있기 때문이다.

그러므로 절대 가볍게 볼 문제가 아니다. 타인들은 그깟 연애가 끝났다고 세상이 끝난 것은 아니니 그만 털고 일어나라고 쉽게들 말하지만 그건 모르는 소리다. 헤어질 준비가 전혀 되지 않은 상태에서 일방적으로 이별 통보를 받았다면 이는 한 사람에게 가장 크고 의미 있던 세상 하나가 끝난 거나 마찬가지이다. 내 세상의 일부 때로는 전부가 무너졌는데 어떤 사람이 그저 먼지 털 듯 툭툭 털고 일어날 수 있을 것인가.

이별이 고통스러운 또 다른 이유는 이 슬픔에 대해 누군가와 오랫동안 이야기를 나누는 것이 현실적으로는 조금 어렵기 때문이다. 나의 가장 내밀한 고통에 대해 이야기할 상대를 찾는 것도 힘들뿐더러, 설사 마음을 털어놓을 곳이 있어도 몇 번 정도는 진심 어린 위로와 함께 들어 주지만 이 과정이 반복되면 더는 들어 주기 힘들어한다. 이즈음 되면 말할 곳조차 없어져서 이별의 고통을 고스란히 혼자 떠안고 감당해야 하기 때문에 시간이 지나도 괜찮아지기는커녕 더 큰 고통을 받게 되기도 한다.

실제로 연애 상담을 진행해 보면 짝사랑, 연애 고민보다 이별과 재회 관련 상담이 월등히 많다. 헤어졌거나 혹은 헤어진 후 재회를 원하는 사람들의 마음은 그만큼 절실하다.

이별 이후 사람들이 가장 힘들어하는 부분은 상대가 자신의 삶에 굉장히 많은 부분을 차지했으며 그런 만큼 상대의 흔적과 기억이 곳곳에 남아 있다는 사실이다. 사랑할 때 함께 쌓았던 행복한 추억이 이별 후에는 전부 아픈 기억으로 남는다.

특히나 동거를 했던 커플이 이별하면 훨씬 더 힘들어하는데 일상을 함께 영위했던 사람들은 일상 전체를 피하지 않는 한 떠오르는 기억을 막을 방법이 없기 때문이다. 즉 이별의 고통과 일상이 분리되지 않는다.

이별의 고통이 크면 클수록 재회를 향한 욕망도 커진다. 상대가 어떤 이유로 마음이 변해 이별을 택했는지 모르지만 내 마음은 아직 그렇지 않다. 그렇다면 할 일은 어떻게든 이 연애를 되돌리는 것이다. 이별의 고통과 재회를 향한 간절함이 얼마나 큰지 이런 사람들을 대상으로 하는 재회 업체가 성행 중인데, 적게는 몇십만 원에서 많게는 몇백만 원짜리 재회 프로그램이 존재한다. 그걸 통해서 재회하는 사람들이 없지는 않지만 솔직히 말해 그 사람들이 하는 일이라고는 지침 문자 보내기(주로 '너 없이도 잘 산다', '나도 미팅 소개팅해서 너 아닌 다른 사람을 만날 거다' 같은 말로 상대방을 자극)와 SNS에 몸매가 드러난 잘 나온 프로필 사진과 행복해 보이는 일상 사진을 자주 업데이트하라는 정도에 불과하다. 하지만 지푸라기라도 잡고 싶은 사람에게는 그것이 마치 하늘에서 내려온 황금 동아줄과 같아서 움켜 줄 수밖에 없다. 재회에 성공할 확률은 그렇게 높지 않은데도 사람들이 여기에 매달리는 이유는 간단하다. 그만큼 절실하기 때문이다. 프로그램 후기를 보면 모두 다 재회에 성공한 것 같지만 이건 어떻게 이별했느냐에 따라 다른 것이지 지침 문자와 SNS 사진으로 모든 이별을 다 돌이킬 수 있는 것은 아니다. 솔직히 말해 저런 곳에 너무 많은 돈을 쓰는 것은 권하지 않는다. 저런 곳에서 코칭을 받아 일단 한번 액션을 취해 버리면 만약 재회에 성공하지 못할 경우 상대와 다시는 연락조차 할 수 없는 최악의 상태가 되어 버릴 수도 있다. 당연한 말이지만 이런 업체는 재회에 성공하지 못했다고 받은 비용을 돌려주지 않으며, 재회에 이를 때까지 계속해서 이 일에 매달려 주지도 않는다(오히려 의뢰인이 수많은 시도와 기다림 끝에 먼저 제풀에 지치는 전략을 쓴다고 보는 것이 더 정확할 것이다).

아무튼 이렇게 재회를 원하는 사람들은 무리수를 써서라도 시간을 되돌리려고 애쓴다. 하지만 세상의 모든 일이 그렇듯 어딘가 부자연스럽고 무리한 부분이 있으면 제대로 잘되지 않는다. 차라리 처음에는 상대의 이별을 도저히 받아들일 수 없어도 적어도 표면적으로는 받아들여 주는 쪽이 낫다. 그래야 상대도 나 없이 혼자 생각할 시간을 가질 수 있기 때문이다. 그렇게 시간을 좀 보낸 후에 자신의 마음을 상대에게 잘 전달한 다음 그래도 상대가 여전히 이별을 원한다면 안타깝지만 이별을 받아들이는 수밖에 없다. 위에서도 언급했지만 사랑은 어느 한쪽의 일방적인 결정으로 진행되지 않지만 이별은 어느 한쪽의 강력한 의지만으로도 얼마든지 가능하기 때문이다. 상대가 정 나와 헤어지고자 한다면 마음은 아프지만 보내주는 것이 어쩌면 내 사랑과 연인에 대해 내가 마지막으로 해 줄 수 있는 배려인지도 모른다.

사실 이별에 있어 정답은 시간이 약이라는 사실뿐이다. 너무 뻔한 말이지만 이별의 고통에 이만한 정답은 세상 어디에도 없다. 헤어짐의 아픔을 빨리 잊는 특별한 방법 같은 건 존재하지 않는다. 어떤 일들은 반드시 겪어 내야만 다음 단계로 넘어갈 수 있는데 나는 이별이 그러하다고 생각한다. 이별의 고통은 내 사랑의 크기와 비례하기에 상대를 사랑했으면 사랑했을수록 그 고통의 크기는 증가하게 된다. 그러니 혹시라도 많이 힘들거든 이렇게 생각하길 바란다. '아, 내가 온 마음을 다해 진심으로 그 사람을 사랑했기 때문이구나' 하고 말이다.

가끔 사람들은 이별하고 언제쯤 괜찮아질지를 묻는데 누구에게나 다 들어맞지는 않겠지만 한 가지 공식이 존재한다. 만난 기간에 2를 곱하면 된다. 너무 오래 걸린다고? 실망하지 말자. 여기서 말하는 기간은 내가 그 사람과 스쳐 지나가도 거의 아무렇지 않을 정도로 완전에 가까운 괜찮음을 의미하니까. 이별하고 처음 3개월은 숨 쉬기도 힘들 만큼 괴롭다가 3개월이 지나면 아주 조금씩이나마 괜찮아지고 있다는 느낌이 들 것이다. 그러다 6개월 정도가 지나면 일상의 거의 대부분이 이별 이전으로 돌아와 있을 것이고 1년이 지난 후에는 다시 다른 사람을 만나고 싶다는 생각이 들 정도까지 회복될 것이다. 물론 이 기간도 절대 짧지 않은 걸 알고 있다. 이 기간은 사람마다 개인차가 크기 때문에 더 빨리 괜찮아지는 경우도 얼마든지 존재한다. 단지 진심으로 사랑했고 연애 기간이 적어도 1년 이상이며 현재의 괴로움이 절대 끝나지 않을 것처럼 느껴지는 사람들에게 최대로 잡아도 저 정도의 시간을 거치면 괜찮아질 수 있다는 희망을 이야기하는 것이다.

다시 말하지만 이 고통은 영원하지 않다. 언젠가는 끝날 고통이며 당신이 상대를 사랑했던 딱 그 무게만큼 아플 것이다. 아플 만큼 충분히 아프고 나면 예전의 연인과 다시 만나고 싶은 마음은 사라지고 그 사람이 아닌 다른 누군가를 만나 새로운 사랑을 하고 싶어질 것이다. 지금은 도저히 믿기지 않겠지만 속는 셈 치고 믿어 보라. 당신 이전에 이별을 경험한 모두가 그렇게 지나 온 길이고 지금은 그저 당신의 차례일 뿐이며, 그 길은 당신 말고 그 누구도 대신 걸어 줄 수 없는 길이다. 그러니 부디 견디고 버티길 바란다. 지금은 이 터널의 끝이 보이지 않겠지만 장담하건대 터널의 끝은 반드시 존재한다.

이별 통보를 받은 사람이
재회에도 실패하는 이유

재회 상담을 하다 보면 한 가지 공통점을 발견하게 된다. 헤어진 후 재회를 위해 아무것도 하지 않은 사람은 거의 없다는 사실이다. 재회를 바라는 마음이 간절하면 간절할수록 헤어지는 그 순간에도 매달리고, 헤어지고 나서도 끊임없이 전화하고 문자를 보내며, 상대 방의 집이나 직장에 찾아가거나 원치 않은 선물을 보내는 경우도 꽤 많다. 그런데 이런 것들이 과연 재회에 도움이 될까? 결론부터 말하자면 득보다 실이 더 많다.

언젠가 재회를 위해 상담을 받으러 온 남자는 이별 통보를 받고 난 다음 계속 여자에게 전화하고 문자를 보내서 이미 상대로부터 다 차단을 당한 상황이었다. 그 당시 남자는 마지막이라며 다가오는 여자의 생일에 목걸이를 선물하고 싶어 했다. 전화도 문자도 다 차단당했으니 여자에게 목걸이 선물을 줄 수 있는 방법은 불쑥 찾아가서 건네주거나 택배를 보내는 것뿐이었다.

남자는 예전부터 주려고 했었다고, 그 마음은 이별하고 나서도 변치 않았다고 했지만 정말 그 목걸이에 아무 목적이 없었을까? 아니다. 그 목걸이는 정확하게 재회의 욕망을 담고 있다. 더구나 그 욕망은 상대에게도 고스란히 전해진다. 상대는 당연히 목걸이 선물을 부담스러워할 것이다. 그 목걸이가 생일 선물로서 상대에게 기쁨과 행복을 주는 것은 헤어지지 않았을 때나 가능한 일이기 때문이다(만약 헤어졌지만 전 남자 친구가 주는 고가의 목걸이는 탐을 내서 챙겨 받는다면 그런 사람을 재회까지 해서 다시 만날 가치가 있는지 생각해 보자).

사랑에는 자존심이 필요 없다고 하지만 이별 통보를 받았을 때는 일단 내 자존심을 어느 정도 챙겨 놓아야 한다. 기본적으로 내 자존심을 지키기 위함이지만 더 큰 이유는 내가 자존심을 내려놓는 순간 상대에게 나의 가치가 완전히 떨어지기 때문이다. 상대가 이별을 통보하는 순간 나의 가치는 이미 하락한 상태이다. 좀 잔인한 말이지만 상대의 입에서 어떤 얘기가 나왔건 간에('널 위한 이별이다', '너를 상처받게 할 수 없다' 등등 언뜻 들으면 나를 너무 생각한 나머지 헤어지는 것 같은 이유들) 당신과 헤어지는 이유는 이 연애를 계속할 만큼 당신이 가치 있는 존재가 아니기 때문이다. 자, 안 그래도 이별을 통보받을 만큼 당신의 가치가 떨어져 있는 상황에서 자존심까지 내려놓고 상대에게 울고불고 매달리면 당신의 가치는 더 떨어질 뿐이다. 정확히 말하면 헤어짐을 통보받자마자 매달리는 모든 행위는 재회를 방해하는 가장 큰 요소가 된다. 당신이 매달리는 그 순간 오히려 상대는 당신의 낮은 가치를 마주하게 되고 자신의 이별이 제대로 된 선택이라는 확신을 갖게 된다.

사람이 누군가를 만나 연애하는 이유는 그럴 만한 가치가 있기 때문이다. 가치란 비단 조건만을 의미하지는 않으며 그 사람에 대한 모든 것을 아우른다. 만약 아무런 애를 쓰지 않아도 손쉽게 만날 수 있고 연애할 수 있는 상대라면 그런 상대에게 애써 노력하지 않을 것이다. 손쉬운 존재는 그다지 가치가 없기 때문에 있어도 그만, 없어도 그만인 것이다. 만약 매달려서 재회에 성공하더라도 제대로 된 연애를 이어 가기 힘들다. 이미 상대에게 당신의 가치는 말할 수 없이 낮으며 그런 상대와의 연애는 해도 그만, 안 해도 그만이기 때문이다. 더구나 다시 헤어지고 싶지 않다는 마음 때문에 상대의 눈치를 보느라 철저한 을의 연애가 될 가능성이 농후하다.

만약 당신이 원치 않는 순간에 이별을 통보받았다면 거기서 뭔가를 하려고 하지 말고 일단은 '알겠다'라고 말한 다음 빨리 그 상황에서 빠져나와야 한다. 나와 왜 이별을 하려고 하는지 그 이유에 대해 길게 듣는다고 해서 지금 당장 헤어짐을 무를 뾰족한 수가 생기지는 않는다. 이유를 들어 봐야 당신이 취할 수 있는 포지션이라고는 '앞으로 잘할게'와 '다시는 안 그럴게' 같은 저자세밖에 없다. 그런데 저자세로 나간다고 해서 상대가 쉽게 마음을 바꿀까? 그렇게 바뀔 마음 같으면 애초에 헤어지자는 말 대신 이러이러한 점이 문제이니 어떻게 해결하면 좋을지 당신과 의논했을 것이다.

당신은 인정하지 않겠지만 아무런 시그널 없이 어느 날 갑자기 이별을 통보하는 사람은 없다. 상대는 헤어지기 전 여러 가지 문제에 대해 당신에게 충분히 말하고 그 문제로 다투기도 했을 것이다. 그럼에도 불구하고 전혀 개선되거나 달라지지 않았기 때문에 이별을 통보하는 것이다. 헤어지고 싶지 않다는 다급한 마음에 거기다 대고 다 고치고 잘하겠다고 말해 봐야 아무 소용이 없다.

상황에서 빠져나온 다음 당신이 절대 하지 말아야 할 일은 전화는 물론이고 잘못을 길게 나열하는 반성문 같은 문자를 보내는 것이다. 내가 이런 것도 잘못했고 저런 것도 잘못했고 생각도 짧았다고 구구절절하게 보내 봐야 별 도움이 되지 않는다. 전화보다는 나은 선택이라고 생각하겠지만 절대 그렇지 않다. 그런 문자는 상황을 더 구질구질하게 만들 뿐이다.

직접적으로 매달리지만 않으면 전화해도 상관없지 않을까, 하는 생각도 금물이다. 아무리 안부만 묻거나 다른 이야기를 한다고 해도 이별을 철회하고 싶어 한다는 목적이 뻔히 보인다. 안 그래도 상대는 당신이 아쉽지 않은데 문자나 전화로 더 아쉽지 않은 사람으로 만들면 재회에서 점점 더 멀어질 뿐이다.

재회는 헤어지는 것이 아쉬울 때나 가능하다. 당신이 그 사람과 재회하고 싶은 이유를 생각해 보자. 이 연애, 이 사랑, 이 사람이 아직 아쉽기 때문이다. 가려고 하니까 붙잡는 것이고 나를 떠나려 하니까 매달리고 싶은 것이다. 하지만 상대는 그렇지 않다. 매달리고 붙잡을수록 더 멀리 달아나고 싶어진다.

헤어진 지 얼마 되지도 않았는데 수없이 전화하고 문자를 보내서 마침내 상대가 모든 연락 수단을 차단하게 되면 재회가 어려워진다. 이쯤에서 그만 멈춰야 하는데 그러지 않는 사람이 더 많다. 이번에는 SNS로 찾아가서 염탐하거나 쪽지를 보내는 등 어떻게든 연락을 하려고 한다. 문자, 전화, SNS 등 모든 경로에서 차단당하면 마지막 초강수를 둔다. 바로 회사나 집으로 직접 찾아가는 것이다. 이쯤 되면 상대는 질리는 것을 넘어 공포감마저 느끼게 된다. 이런 식으로는 어떤 방법을 써도 재회가 힘들다.

재회에 실패하는 이유는 한 마디로 당신의 가치를 스스로 떨어뜨리고 상대를 질리게 하는 것도 모자라 공포스러운 존재까지 되어 버렸기 때문이다. 재회하고 싶다는 마음이 강하다고 어필하는 것은 적극적인 행동이 아니다. 오히려 적극적이면 적극적일수록 재회에는 더 독이 된다. 재회에 성공하고 싶다면 당신이 하고 싶은 행동과 말 그 어떤 것도 하지 말아야 한다. 차라리 아무것도 하지 않아야 상대가 당신을 생각하고 그리워할 여지가 생긴다.

이별을 통보받고 그 이별을 되돌리고 싶다면 당신이 해야 할 일은 기다림이다. 이렇게 말하면 '그 기간 동안 그 사람에게 좋은 사람이 나타나면 어쩌죠?' 하고 되묻는 사람이 많다. 하지만 상대는 당신에게나 무슨 일을 해서든 다시 붙잡아야 할 사람이지, 다른 사람에게까지 그 정도 존재는 아니다. 그러니 한두 달 만에 새로운 사람을 만나 연애할 가능성은 매우 낮다. 설사 그렇게 된다 하더라도 문자 보내고 전화하고 찾아가서 매달린다고 당신을 선택하게 될까? 아니다. 당신은 그저 새로운 사랑을 방해하는 요소일 뿐이며 그런 만큼 더욱 떨궈 내야 할 존재일 것이다.

재회에 성공하고 싶은가? 그렇다면 상대의 이별 통보를 받고 단 일주일이라도 가만히 있어야 일말의 가능성이라도 생긴다. 당신의 연락은 결국 매달림으로만 여겨질 뿐이니 상대로부터 연락이 올 때까지 기다리는 것이 통상적으로 가장 재회 확률이 높다.

재회에 대한
모든 것

앞 장에서 이별 후 재회를 원할 때 절대 하지 말아야 할 행동을 살펴봤다. 다시 정리하자면 첫째, 이별 통보를 받은 그 자리에서 매달리지 않아야 하고 둘째, 문자나 전화를 하지 말아야 하며 셋째, 이별후 자신의 상태를 SNS로 드러내지 않아야 한다. 더 간단히 말하면 아무것도 하지 말아야 한다.

상대가 이별을 말했을 때 그 이유를 대개 두 가지로 나눌 수 있는데 첫째는 상황에 의해 조금은 즉흥적으로 이별을 고하는 경우이고, 둘째는 꽤 긴 시간 고민한 끝에 헤어지기로 결심한 경우이다. 전자는 비교적 빠른 시간 내에 재회가 이루어질 가능성이 높으며 후자는 조금 더 시간이 걸리기도 한다. 하지만 어찌 되었건 두 경우 모두 바로 매달리는 것이 해결책은 아니다.

자, 그렇다면 상대의 연락을 기다리는 시간을 얼마나 가져야 할까? 만약 상대가 헤어지겠다고 단단히 결심한 경우가 아니라면 대개 헤어진 지 1~2주에서 길어도 한 달 안에는 연락이 온다. 그러나 상대가 고심 끝에 이별을 선언한 것이라면 조금 더 기다려야 한다.

이별 후에 찾아오는 후폭풍에 대해서 들어 봤을 것이다. 후폭풍은 말 그대로 처음에는 괜찮았다가 나중에 슬픔이나 상실감이 밀려오는 것인데, 이별을 통보한 상대는 일단 괴로운 상태에서 벗어났기에 처음에는 일종의 해방감을 느끼게 된다. 연애가 힘들었기 때문에 이별을 통보했을 것이고 그런 만큼 연애가 끝난 상황이 꽤 편안하기까지 하다. 그러나 한 달이 지나고 두 달이 지나면 슬슬 당신이 궁금해지기 시작한다. 특히 당신이 아무 연락도 하지 않고 이별 노래나 이별 시 같은 걸 SNS에 올리지도 않기 때문에 어느새 궁금함을 넘어 서운함과 섭섭함까지 느낀다. 분명 나와 연애할 때는 나밖에 없는 사람이었는데 헤어지자는 말에 매달리지도 않고 아무 반응도 없는 당신에게 조금 화가 날 수도 있다. 하지만 안심하길 바란다. 여기서 화가 나는 것은 당신이 미워서가 아니라 당신의 그 아무렇지 않음에 대한 감정이다. 나는 괜찮지 않은데 상대는 괜찮은 것 같을 때 비로

소 이별의 후폭풍이 찾아오게 된다.

　그렇다면 헤어진 직후 당신은 무엇을 해야 할까? 그저 넋 놓고 상대방을 기다리며 눈물로 밤을 지새워야 할까? 아니다. 오히려 당신은 더 잘 지내야 한다. 그동안 연애하느라 미뤘던 자기 계발을 하든 새로운 취미를 만들든, 뭐든지 해서 이별 전의 당신과는 다른 사람이 되어야 한다. 그렇게 되면 당신의 가치는 상대에게나 다른 사람에게나 훨씬 높아져 있을 것이다.

　만약 이별을 통보받은 후 한 달이 지나도 상대에게서 연락이 없다면 그때부터는 당신의 근황을 SNS에 조금씩 드러내도 된다. 단 이별의 슬픔 같은 뉘앙스는 전혀 없어야 한다. 마치 연인이 곁에 있을 때와 마찬가지로, 아니 그보다 더 잘 지내고 있는 모습이어야 한다. 그래야 상대는 자신이 없어도 너무 잘 지내는 모습에 서운함을 느끼게 된다. 내가 상대 없이도 잘 사는 모습을 보면 '얘는 나 없이도 괜찮으니까 재회할 필요가 없겠구나' 하고 생각할까 봐 걱정하는 사람도 있는데 절대 그렇지 않다. 재회는 상대가 가치 있는 사람일 경우에 이루어지는 것이지, 나 없이는 하루도 못 사는 사람이라 불쌍해서 해주는 것이 아니다. 그러니 상대에게 안돼 보이는 느낌을 주어 동정표로 재회하겠다는 생각은 접길 바란다.

연애도 사랑도 절대 구걸해서는 안 된다. 재회도 마찬가지다. 매달리거나 슬픔에 빠져 폐인처럼 지내는 모습은 재회를 구걸하는 것과 크게 다르지 않다. 누군가 내게 사랑을 구걸한다고 해서 주지 않듯 당신의 사랑도 구걸로 되찾을 수는 없다. 오히려 상대방 없이도 잘 사는 모습을 보일 때 상대가 재회하고 싶은 사람이 될 수 있다. 물론 처음에는 전혀 괜찮지 않기 때문에 괜찮은 척 가장해야 하겠지만 계속하다 보면 어느새 정말로 조금씩 괜찮아지는 순간이 온다. 지금 당장은 오늘도 지옥이고 내일도 그다음도 영원히 지옥일 것 같지만 그렇지 않다. 어제보다 오늘이 조금 더 견딜 만해지는 날이 반드시 오게 되어 있다.

이별 후 기다리라고 하면 상대가 영원히 내게 연락하지 않으면 어쩌나를 가장 많이 걱정하는데, 내가 연락하지 않으면 상대가 한 번 정도는 연락하게 되어 있다. 하지만 내 쪽에서 연락하는 순간 그 기회를 영영 날려 버리게 된다. 그러니 절대 연락하지 말고 기다려야 한다. 상대에게 연락이 안 올 것 같아서 내가 연락할 수밖에 없었다고 말하고 싶겠지만 그건 무조건 못 참아서 한 행동일 뿐이다.

재회는 대개 3개월에서 6개월 안에 이루어진다. 만약 그 기간이 지나도 상대에게 연락이 오지 않는다면 그때부터는 재회 가능성이 점점 내려간다고 볼 수 있다. 물론 1~2년 후에 연락이 오는 경우도 있겠지만 아주 극소수에 해당한다. 만약 당신이 상대에게 어떤 연락도 하지 않고 3개월만 참을 수 있다면 거의 대부분 재회에 성공할 수 있다.

물론 지금 당장의 마음으로는 그 사람을 천년만년 기다릴 수 있을 것 같겠지만 그렇지 않다. 막상 해 보면 6개월 기다리기도 어려울 것이다. 그 6개월 동안 당신은 지쳐서 재회를 포기하는 게 아니라 상대가 그 정도의 가치는 없는 사람이었음을 깨닫게 될 수도 있다. 지금 당신이 상대 없이 못 살 것 같은 이유는 상대가 당신을 떠났기 때문이다. 만약 그 사람이 당신 옆에 있었다면 어쩌면 향후 6개월 내에 당신 쪽에서 이별을 고하는 경우가 생길 수도 있다.

가장 좋은 재회 시나리오는 상대에게 연락이 와서 마침내 재회하는 것에서 한 단계 더 나아가 상대가 돌아왔을 때 당신이 이에 응할지 말지에 대해 진지하게 고민할 수 있게 되는 것이다. 지금이야 이제 막 이별을 통보받았기 때문에 당신에게 상대의 가치는 거의 최고 지점에 있을 것이다. 하지만 당신이 평정심을 되찾고 난 후에는 그때만큼 가치 있게 보이지 않을 수도 있다. 물론 나중에도 그 사람의 가치가 변함없다면 정말 좋겠지만 그렇지 않은 경우가 더 많다. 심지어 그 사람보다 더 좋고 괜찮은 사람이 내 주변에 있을 수도 있다. 재회는 어떻게든 해야 하는 무언가가 아니다. 그저 선택 사항이다. 그러니 재회에 성공하고 싶다면 지금 당장 무슨 수를 써서라도 상대를 잡을 것이 아니라 재회 여부를 내가 선택할 수 있는 상황까지는 가야 한다.

당신을 진심으로 원하는 사람은
한밤중에 '자니?'라고 묻지 않아요

　연애를 하고 이별을 했다면 아마 한 번쯤은 헤어진 연인으로부터 전화를 받아 보았을 것이다. 헤어지고 난 다음 내게 전화하는 그 사람이 진짜로 원하는 건 뭘까? 단순히 내가 그리워서? 아니면 다시 잘해 보려고? 하지만 헤어지고 난 후 걸려 온 전화를 모두 재회의 시그널로 받아들여서는 곤란하다. 그렇지 않은 경우도 꽤 있기 때문이다.

　헤어진 후 오는 전 연인의 전화가 재회의 시그널인지 그냥 한번 찔러보는 전화인지를 구분하려면 먼저 사귄 기간을 고려해야 한다. 굉장히 짧게 사귀었다면 재회의 시그널일 확률이 높다. 길게 연애한 게 아니기 때문에 아직은 뭔가 아쉽고 좀 더 이어 가고 싶은 마음에서 전화했을 가능성이 높다.

　만약 헤어진 후 3일 이내에 전화가 왔다면 그건 재회라기보다는 헤어짐의 철회 정도로 받아들여야 할 것이다. 그러나 일주일 이상이 걸렸다면 그건 재회에 가까우며 무엇보다 이때부터는 다시 만날지에 대해 진지하게 고민한 후 전화한 것이라고 봐도 된다. 헤어진 지 3개월 안에 전화가 왔다면 헤어지고 나서 생각해 보니 도저히 이렇게 끝낼 수 없겠다는 명확한 재회의 의사가 담긴 전화에 해당한다.

　하지만 3개월 이후, 1년이나 길게는 2년이 지난 후에 다시 연락이 왔다면 좀 더 신중해야 한다. 특히 1~2년이 지나 연락하는 것은 문득 떠오르거나 생각난 경우가 대부분이라 볼 수 있다. 만약 절실했다면 분명히 그전에 어떻게든 당신과 연락을 취하려 노력했을 것이다. 이런 경우에는 정말 아무 생각 없다가 문득 당신이 떠올랐거나 당신과 헤어진 후 다른 연애를 했으나 별 소득이 없었을 때이다. 오랜만에 전 연인의 전화를 받았을 때 대개 긴 시간 동안 나를 그리워하고 그리워하다 더는 참지 못하고 전화했다고 생각하기 쉬운데 꼭 그렇지만은 않다.

　특히 연애 기간이 1년 미만이고 헤어진 지 1~2년이 지나 연락이 왔다면 당신에 대한 기억은 매우 왜곡되어 있거나 특정 부분만 떠올라서 큰 고민 없이 연락했을 수도 있다. 어떻게 사는지 단순한 호기

심에서, 혹은 자신이 현재 연애 소강상태라서 연락했을 확률도 매우 높다.

특히 상대가 맨정신이 아닌 술에 취해서 전화했을 때에는 더더욱 조심해야 한다. 맨정신에는 절대 전화하지 않는 사람이 술만 취하면 전화한다는 건 재회를 원해서라기보다는 그냥 주사이거나 당신과의 섹스가 아쉬워서인 경우가 대부분이다.

한동안 아무런 연락도 없고 나를 완전히 잊은 것만 같던 상대가 다시 전화한 이유는 나의 모든 것이 그리워서가 아니다. 무엇이 되었든 내가 제공했던 어느 특정한 부분이 그리워서인데 그건 때로는 잠자리일 수도 있으며 심지어 공짜 술이나 밥, 한동안 머물 수 있는 공간이기도 하다. 믿기 어렵겠지만 저런 이유로 전 연인을 찾아가는 사람을 나는 상담을 통해 수도 없이 만났다. 이들은 재회를 해도 당신에게만 속한 당신의 사람이 될 수 없다. 당신은 재회했다고 믿고 사랑을 이어 가는 동안에도 상대는 계속해서 당신보다 더 나은 사람, 정확하게는 당신보다 더 나은 것을 제공할 수 있는 사람을 찾는다. 그게 어떤 것이든 말이다. 그렇다면 이들은 나쁜 사람일까? 이들이 이럴 수 있는 이유는 당신을 사랑하지 않기 때문이며 다른 사람에게는 몰라도 당신에게는 분명 나쁜 사람이다.

만약 뭔가 해결하지 않으면 안 될 문제, 그러니까 감정적인 문제가 아닌 도박이나 알코올, 복잡한 이성 관계, 그 밖에 도저히 연애를 이어 갈 수 없는 분명한 문제로 헤어졌는데 상대가 그런 문제에 대한 언급이나 어떠한 해결책도 없이 무턱대고 전화를 했다면 의심해야 한다. 그 사람은 당신과 제대로 연애를 이어 가고 싶은 것이 아니다. 문제가 있는데 해결하지 않고 그냥 덮어 둔 채로 연락했다는 것은 그럼에도 불구하고 당신을 사랑하고 못 잊어서가 아니라, 그런 문제를 안고 있는 것이 아무렇지 않을 만큼 이 연애나 당신의 존재감이 크지 않아서이다.

진심으로 재회를 원하는 사람은 술에 취해서, 혹은 늦은 밤 문득 '뭐해? 자니?' 같은 가벼운 문자로 접근하지 않는다. 재회를 위한 첫발을 떼어 본 적이 있다면 알겠지만 그건 수많은 갈등과 망설임 끝에 겨우 용기를 내서 하는 일이다. 재회를 바라는 마음이 간절하면 간절할수록 더 조심스러운 마음이 된다. 이 중요한 일을 술 마시고 늦은 시간에 '아니면 말고' 식의 가벼운 문자로 시작하겠는가? 그런 가벼운 재회는 있으나 마나 한 연애를 연장시킬 뿐이다.

재회의 간절한 바람 없이도 얼마든지 전 연인에게 전화할 수 있다. 익숙하고 편하고, 어떤 부분에서 자신이 만족감을 얻을 수 있는지를 너무 잘 알기 때문이다. 그런 만족감을 줄 사람을 새로 찾느라 애쓰느니 차라리 헤어진 전 연인을 적당히 달콤한 말로 유혹하는 게 훨씬 쉽고 빠르기 때문일 수도 있다. 그러니 부디 헤어진 후 걸려 온 전 연인의 전화가 재회의 시그널인지 단순히 뭔가가 아쉬워서인지 잘 구분하길 바란다. 한쪽은 전혀 아닌데 다른 한쪽만 진심인 연애는 안 하느니만 못하기 때문이다.